东方教育文库
系列教育丛书

上海市浦东新区教育局

慧

—— 上海市优秀教学成果浦东新区选粹

教育

上海教育出版社
SHANGHAI EDUCATIONAL
PUBLISHING HOUSE

本书编委会

主　编　陈　强

编　委　(按姓氏笔画为序,待出版社排序)

王丽琴　戈玉洁　曹　鑫　吕　萍

吴诗沁　张　娜　杨海燕　唐林倚

俞莉丹　郑新华　徐婵娟　殷　凤

傅敏敏

"东方教育文库"
出版前言

　　"东方教育文库"是浦东新区为出版高质量的教育研究成果而设立的一个项目。通过"东方教育文库"的编辑出版,形成有品位的、能多方面反映浦东教育改革与发展面貌和教育研究成果的系列教育丛书。

　　"十四五"时期,是浦东落实中共中央、国务院《关于支持浦东新区高水平改革开放打造社会主义现代化建设引领区的意见》、实现新时代浦东教育高质量发展的重要时期。《浦东新区教育发展"十四五"规划》指出,要着力打造"五育并举、公平优质、开放融合、活力创新"新时代高品质浦东教育。在各级政府的坚强领导下,浦东教育已经取得了快速发展,不仅规模逐年持续扩大,而且内涵日益丰富,出现了多样化、特色化发展的趋势,在教育改革与发展过程中出现了许多新的业绩和成果。许多学校校长用先进的办学理念进行教学改革,探索新颖的办学之路,积极探索,大胆实践,在提升教育质量、建设师资队伍、培育校园文化、创建学校教育特色等方面取得显著的成效,获得丰硕的改革成果,并积累了丰富的办学经验。浦东新区作为上海市教育综合改革示范区和国家级信息化教学实验区的叠加效应正在形成。

　　同时,在学校的改革发展过程中,我们也看到许多教师满怀热情,投身于教育教学的探索中,在专业发展道路上孜孜不倦地追求,探索教育规律,研究课堂、研究学生、研究教材,努力寻找解决问题的策略和方法,探索有效的教学途径,形成鲜明的教学特色,积累了丰富的教学经验,这些成功的经验具有明显的推广价值和实践意义。

　　总结和推广学校成功的办学经验和教师的教学经验,对推进教育的改革和发展,提升区域教育的整体水平无疑有积极的作用。出版"东方教育文库",就是为了能够更好地宣传当前基础教育改革发展的业绩,彰显优秀学校的办学特色,总结优秀教师的教育教学经验,使更多有办学特色的学校和校长,有教学特色的教师进入公众视野,发挥优秀成果的影响力和辐射示范作用。

"东方教育文库"的推出,有利于树立学校和教师的研究典范,为广大教师提供丰富的教育信息和研究资源,为学校和教师搭建一个交流和分享成果的平台,有利于引领广大学校和教师走向规范化、精致化的科研之路,促进群众性科研的持续性发展。同时,通过出版"东方教育文库",扩大一批优秀学校和品牌教师的社会影响力。

"东方教育文库"系列教育丛书收入的著作内容广泛,涉及教育教学多方面的领域,既有对教育综合改革示范区、国家级信息化教学实验区建设等重大问题、前沿探索的追踪,又有对立德树人、课程建设、学科教学、数字化转型、班主任工作、学校管理等改革焦点、实践难点的探讨;既有反映教育教学改革实践的优秀科研成果,又有反映校长办学经验和教师课改智慧的典型案例。

由于我们的认识水平有限,加上时间仓促,所以在"东方教育文库"中难免会出现一些不足之处,恳请广大教育同仁的批评指正。

编　者

2023 年 9 月

目录

特等奖

普通高中基础学科拔尖学生早期培养 30 年探索实践 ▶ 2

现代治理理念下公办初中"对话教育"的研究与实践 ▶ 7

一等奖

每个儿童都是有力量的学习者

    ——基于儿童视角的幼儿园课程创新实践 ▶ 18

打下科学的底色

    ——幼儿科学启蒙教育 26 年实践 ▶ 34

中草药探究：指向学生创新素养培育的小学跨界学习实践研究 ▶ 54

高中数学拔尖创新人才培养的实践研究 ▶ 69

校本课例研修工作坊模式的构建与实践 ▶ 77

培根铸魂的"责任教育，自主发展"30 年实践 ▶ 86

二等奖

成就都市中的"野"孩子

　　——幼儿园"田园实践活动"课程建构与活动　　▶　96

普通高中学科德育体系构建与实施的校本实践　　▶　106

知行合一的高中思想政治课程智慧育人模式二十年实践　　▶　111

童心教育：小学心理育人的校本实践　　▶　118

"初中数学再创造"学习指导实践研究　　▶　128

以"数学游戏"为载体提升数学核心素养的教与学　　▶　137

以"学习空间"重构促进中学化学"教—学—研"方式变革的浦东实践　　▶　141

从对学习的评价到促进学习的评价

　　——中学物理校本评价改革实践研究　　▶　155

依托项目学习，培养计算思维

　　——指向思维发展的中小学信息技术学科教学实践　　▶　168

问题导向的初中学校 APPR 课程模式的建构与实践　　▶　181

高中生创造力训练课程开发研究　　▶　191

"科学·社会·人文"三性融合观点下提升教师学科德育能力的四项修炼　　▶　203

高中学生学习力培育模式的构建与实施　　▶　230

基于文化自信的浦东中小学生跨文化素养培育研究与实践　　▶　241

特等奖

普通高中基础学科拔尖学生
早期培养 30 年探索实践①

李志聪　戴立益　施洪亮　娄维义　周敬山

一、问题的提出

党和国家对基础学科拔尖学生培养始终十分重视。20 世纪 90 年代初期至 2021 年,从理科教育实验、加强理科人才培养,到提出服务国家重大战略、强化基础学科拔尖学生培养,国家需求越发明确,政策力度不断加强。

国家对基础学科拔尖学生内涵、范围的解释,从 20 世纪 90 年代以来不断扩大。在普通高中学校,早期主要是指学科特长突出的"理科人才"。2009 年国家启动实施"基础学科拔尖学生培养试验计划",主要包括数学、物理、化学、生物、计算机等 5 个基础学科。2018 年教育部会同科技部等六部门在前期十年探索的基础上启动实施"基础学科拔尖计划 2.0",将学科扩展到包括文史哲在内的大理、大文、大医等 20 个学科类别。

基础学科拔尖学生早期培养,瞄准的是国家的明天和民族的未来。习近平总书记曾明确提出,要"加强基础学科拔尖学生培养""吸引最优秀的学生投身基础研究"。高中阶段基础学科拔尖学生早期培养,既是国家基础学科拔尖学生培养的关键环节,也有利于为实现中华民族伟大复兴提供重要的人力资源条件。教育部整体设计、系统规划,要求高校"招收一批有志向、有兴趣、有天赋的青年学生进行专门培养,为国家重大战略领域输送后备人才",这既对高中基础学科

① 本教学成果获得 2021 年上海市优秀教学成果奖特等奖。

拔尖学生培养提出了更加明确具体的要求,也与华东师范大学第二附属中学坚持"人文教育与科技教育相统一",致力于培养以全面发展为基础的基础学科拔尖学生的办学优势相一致。

二、成果的主要内容

(一)成果的理论基础

成果坚持以马克思主义关于"人的全面而自由的发展"理论为指导思想。马克思认为,人的全面发展是指人的劳动能力的全面发展、个人智力和体力的全面发展,以及人的先天和后天的各种才能、志趣、道德和审美能力的充分发展。人的全面发展是人的内在本质的全面的充分的体现,是人的个性、潜能、特长的发现和发展。

在长期实践探索中,特别是党的十八大以来,始终坚持以习近平新时代中国特色社会主义思想为指导,聚焦"立德树人"根本任务,将马克思主义基本原理与中国高中育人实践相结合,注重把握马克思主义关于人的全面发展的思想精髓,贯彻"只有在集体中,个人才有全面发展其才能的手段"的思想,开展爱国主义、集体主义、家国情怀和奉献精神教育。同时,注重吸收借鉴国内外优秀教育理论和教育思想,包括建构主义、多元智能等教育理论,促进学生全面而有个性地发展。

(二)成果的主要观点

高中教育应在促进学生全面发展基础上,服务国家教育发展战略,创新教育教学体制机制,因势利导推动育人方式改革,培养国家迫切需要的包括基础学科拔尖学生在内的各类人才。

1. 高中阶段是基础学科拔尖学生明志向、展特长、育人格的关键时期,是基础学科拔尖学生培养的奠基阶段,应引起全社会的高度关注。

2. 基础学科拔尖学生培养有其鲜明特点和规律,学生学科兴趣、学科特长、学科志向的萌发需要学校持之以恒、久久为功。

3. 基础学科拔尖学生培养是一项长期复杂艰巨的综合工程,需要整体规划,注重顶层设计,提高课程和师资队伍建设水平,在长期实践研究中探索并积累经验。

（三）成果的进展与主要突破

成果在基础学科拔尖学生早期培养规模、平台建设和培养模式方面取得突破，在基础学科拔尖学生早期培养的师资队伍建设、推进学校育人方式改革等方面取得实质性进展。

1. 回应党和国家重大战略需求，基础学科拔尖学生早期培养规模取得新的突破。30 年教学实践过程中，国家不断要求强化对开展基础学科拔尖学生早期培养的认识，强调要"前瞻布局，领跑未来，培养中华民族伟大复兴的战略力量"。学校在 30 年探索实践中，为国家培养了一大批获得国际国内奖励的综合素质优秀或具有学科特长的学生，其中直接培养了 30 名获得国际高中基础学科奥林匹克竞赛金牌学生。基础学科拔尖学生培养的探索实践，也促进了大文科教学和大理科教学同步进展，立志投身于哲学、历史学、医学、中国语言文学等国家倡导的基础学科研究的学生数量显著增加，被"强基计划"基地录取的素质优秀的特长学生名列前茅。

2. 构建基础学科拔尖学生早期培养模式取得新突破。形成了由"全体教师—基础课程—全体学生""学院教师—学院课程—自选方向学生""学科教师—学科课程—学科志向学生""学科导师—学术课程—学科特长学生"四个层次、学生能够自主自由选择的课程教学模式。注重过程性评价、增值性评价和结果性评价相结合，把国内外竞争平台作为对人才特长进行评估检验的方式之一。在努力构建"更高水平的人才培养体系"过程中，三个学院成为拔尖学生早期培养的重要平台、关键环节。

3. 在打造高水平基础学科拔尖学生培养的师资队伍、建设拔尖学生早期培养校本课程、形成具有高认可度和影响力的学科培养基地方面取得新进展。大理科的物理、数学、化学、生物学、信息技术等学科，与大文科的思想政治、历史、语文等学科师资队伍水平共同提高，艺术、体育、心理等其他学科协同育人作用日益凸显。卓越学院课程建设、学科校本课程建设日益丰富，形成了具有鲜明学校特色的，在全国具有高知名度、认可度和影响力的基础学科拔尖学生早期培养的学科基地。

4. 学校育人方式改革取得新进展。注重在多样化人才培养过程中，促进学校多样化特色化发展。学校注重基础学科拔尖学生早期培养、创新人才早期培养,以及其他各类人才的个性化培养,探索多元多样的早期人才培养路径,为不同潜质学生提供更多发展通道。

三、效果与反思

(一)促进了学生全面发展和个性特长发展,营造了"人人皆可成才、人人尽展其才"的良好教育生态

在实践中,更加注重构建全面培养体系,注重五育并举、五育融合,使学生在全面发展基础上,个性潜能和学科特长得以充分发挥,立志从事基础学科学习研究的学生总量不断增长。学校鼓励全体学生都能够在反复尝试、不断试错中发现自己的优势,使更多的学生选择"板凳要坐十年冷"的学科学习和研究,最终成为更加杰出的基础学科拔尖人才。"人人皆可成才、人人尽展其才"的良好教育生态,使学校从最初的理化生,到近年的历史、语文、政治等学科,都有学生以兴趣特长做出生涯选择,并最终成为国家"强基计划"入选人才。

(二)提升了学校课程开发建设能力,打造了一支追求卓越、甘为人梯、乐于奉献、善于育才的高水平师资队伍

在基础学科拔尖学生培养实践中,学校始终以课程改革为核心开展教育教学改革,注重课程开发建设。课程开发建设促使教师既要思考"怎样教"和"教得怎样"的问题,更要思考"为什么教"和"教什么"的问题,形成"课程改革"和"教学改革"的良性循环。学校构建的课程体系凸显基础性和个性化功能,促进教师在课程教学中积极追踪学科前沿成果,促进了一批学术型教师的专业成长和发展,形成了特级教师、正高级教师为总导师、学科导师团队集体参与的文理学科拔尖学生培养队伍。追求卓越、甘为人梯、乐于奉献、善于育才,成为开展基础学科拔尖学生早期培养的教师的精神写照。

(三)取得显著办学成效,找到了高中阶段基础学科拔尖学生培养路径和成功模式,形成了基础学科拔尖学生早期培养特色

经过 30 年的拔尖学生培养探索,学校形成了具有鲜明上海特点、中国特色的人才培养路径。人才培养过程伴随上海课程改革的历史进程,打上了鲜明的上海课改烙印,小班教学、跨年级听课等多种授课形式的实施,使为学生提供个性化选择和多样化成长路径成为可能,为不同学科潜质学生提供了更多发展空

间。晨晖学院的理论与实践相结合的育人方式,涵育了学生的家国情怀、为国争光的进取人格,拓展了德才共育的空间。以学院为枢纽,提高学生自主选择能力,探索基于情境、问题导向的互动式、启发式、探究式、体验式教学,开展学科课题研究、研究性学习等跨学科学习,促进了学生全面发展和特长发展。学生培养质量受到国内外广泛赞誉,学校成为清华大学、北京大学、复旦大学和上海交通大学等国家"强基计划"后备人才培养基地。

形成了基础学科拔尖学生培养特色,荣获"联合国教科文组织教师教育教席联席学校""全国教育系统先进集体"等荣誉,育人成效得到党和国家领导人以及中外各界的勉励和充分肯定。学校发展为"一校四区",促进市域教育教学协同发展。教学成果为国内多省市学校主动学习借鉴,发挥了先行示范和引领辐射作用。国内多家媒体做了深入报道。

现代治理理念下公办初中"对话教育"的研究与实践①

李百艳　孙伟菁　曹　鑫　杨旭缨　刘丽秋　叶　彬

作为一所"应浦东改革而生、借名校品牌而立、随时势迁移而变、因现代治理而兴"的公办初中,上海市建平实验中学办学过程中曾遭遇课堂教学"失语"危机、学生青春期身心"失衡"危机和学校内生动力"失落"危机。学校秉承"用父母心办教育"的办学思想,"脚踏实地育真人,千方百计创未来"的办学理念,围绕"探索真知、追求真理、学做真人、活出真我"的育人目标,通过聚焦价值观念转向、课堂教学改革、校本研修创新、学校治理转型、育人生态共建,不断突破学校教育的现实困境,探索出基于现代治理理念的"对话教育"育人新模式。

一、问题的提出

(一) 直面课堂教学"失语"危机

作为办学育人危机的主因,传统教学存在以下典型问题:① 在教学观念层面,把育人质量窄化理解为学业质量,忽视学生学习的对话质量、过程质量与生命质量;② 在教学过程层面,存在较为严重的"一言堂""满堂灌""你问—我答"等教师话语霸权现象,课堂出现"集体失语""假对话"等问题,学生的主动权、提问权、评价权处于被教师"剥夺"的尴尬处境;③ 在教学评价层面,对学生评价存在"单一化、机械化、功利化"倾向,对教师评价存在"重手段轻价值,重结果轻过程"偏好,忽视师生之间成长性对话,导致学习效率低、幸福指数低、归属感低,育

---

① 本教学成果获得 2021 年上海市优秀教学成果奖特等奖。

人质量欠佳。

针对上述问题,亟须通过创新对话课堂结构范式,改变"教师独白,学生听讲"的课堂面貌,构建起平等、真实、深入对话的教育关系。

（二）直面学生青春期身心"失衡"危机

处于青春期的学生,面临心理断乳与情绪风暴,性格稳定性差,发展可塑性强,分化可能性多,渴望交流、理解与尊重,如果遇到家长和教师单向灌输、命令压制的话语霸权,将难以获得心灵的沟通与滋养。因此对话缺失、低质、断裂而造成的悲剧屡屡发生。初中阶段是为终身奠基的关键期,亟须以"在对话中成长"的方式破解这一难题。

（三）直面学校内生动力"失落"危机

从初创期、发展期到新时期,学校由应运而生的"宠儿"回归到常态的公办初中,一度陷入周边民办学校 C 型包围的困境,面临后绩效工资时代的学校文化重建的挑战。多元矛盾交织,多种诉求冲突,多方对话缺失,在具体的办学实践中,不同程度地出现了"干群疏离""家校矛盾""师生纠纷""亲子冲突"和"青少年心理危机"等问题,影响了师生发展动力。基于现代治理理念的学校"对话教育"理论创新与实践探索,成为激发学校办学活力的必然选择。

二、成果的主要内容

针对上述面临的难题,学校在推进"对话教育"的系统构建与实践中,逐渐走出一条从萌芽内生到进阶发展、从局部领域探索到统领全局推进、从干部层面倡导到形成团队文化自觉的学校治理现代化之路。"对话教育"的系统构建由探索、发展到成型,经过了如下三个阶段（图 1）:

阶段 1:对话教育理念萌芽（2004—2007 年）

基于经验观察,自发开展对话教学研究,改变"教师独白,学生听讲"的课堂面貌,引导学生与自然（知识）、与社会（他人）、与自我（心灵）展开对话,培育对话意识、对话思维与对话能力,致力于把学生培养成自我发展的承担者、善于沟通的合作者、反思进取的创造者。

阶段 2:课程教学中的对话培育（2008—2014 年）

以行动研究的方法开展"对话"课堂实践、课程建设和课题研究。创设"倾听

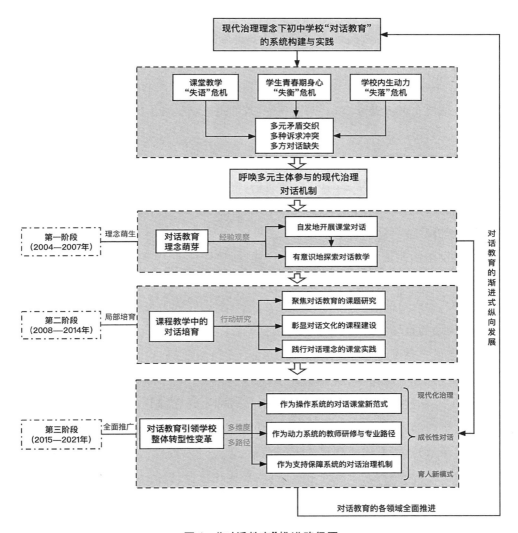

现代治理理念下初中学校"对话教育"的系统构建与实践

课堂教学"失语"危机　学生青春期身心"失衡"危机　学校内生动力"失落"危机

多元矛盾交织
多种诉求冲突
多方对话缺失

呼唤多元主体参与的现代治理对话机制

第一阶段
（2004—2007年）　理念萌生　对话教育理念萌芽　经验观察
　自发地开展课堂对话
　有意识地探索对话教学

第二阶段
（2008—2014年）　局部培育　课程教学中的对话培育　行动研究
　聚焦对话教育的课题研究
　彰显对话文化的课程建设
　践行对话理念的课堂实践

第三阶段
（2015—2021年）　全面推广　对话教育引领学校整体转型性变革　多维度　多路径
　作为操作系统的对话课堂新范式
　作为动力系统的教师研修与专业路径
　作为支持保障系统的对话治理机制

现代化治理
成长性对话
育人新模式

对话教育的渐进式纵向发展

对话教育的各领域全面推进

图 1　"对话教育"推进路径图

对话，互动共享"的教学情境，提炼出"问题与倾听、合作与分享、创造与生成"对话教学的核心要素，研制出以培育学生"对话素养"为目标的校本课程，如对话式德育课程、对话式心育课程、对话式探究课程等。

阶段 3：对话教育引领学校整体转型性变革（2015—2021 年）

推进"对话"进教研、进管理、进文化，促使"对话"理念转化为教师的外在行动，将"对话"逐步根植于学校教育实践的土壤，从多维度、多路径、全域开展对话教育的系统构建和实践,形成了相互支撑、相辅相成的三大系统:即:操作系统(课堂对话范式)、动力系统(同侪研修路径)和支持保障系统(对话治理机制)。

通过学校十余年的教育实践探索,创造性地诠释了"对话教育"的理念与内涵,并将该理念融入课堂教学、课程开发、教师研修和学校治理。

(一)创造性提出"对话教育"新理念

1. 提炼并阐述出"对话教育"概念内涵

教育是人与自然、社会、自我不断对话,重新建构对世界认知、不断成长的过程。对话教育是以"对话哲学"为基础,以师生生命发展为目标,在学校教育教学过程中积极营造一种民主的氛围、开放的环境,为师生畅通对话渠道、搭建对话平台、建设对话制度,在课堂教学、课程建设、学校管理、学生活动与家校社区合作中,开展多元主体间多维度、多层次的对话,激发师生对话情意,促进师生提高对话能力、形成对话素养,提升育人质量,把学生培养成为自我发展的承担者,善于对话沟通的合作者,具有反思精神的创造者。

2. 提炼并阐述出"对话教育"独特性质

历经初创期、发展期、转型期探索出的"对话教育"具有:过程性与情境性(涉及师生、制度和运行等多方面因素,通过对师生观念、制度设计和机制运行的深描,剖析内部运作过程);系统性与互动性(涉及学校各层级领导间、教师团体内、师生课堂教学、家校社共育的协同对话,重点是家校社协同对话的制度建设与生态文化建设,包括参与制度、评价制度、知情制度等)。

(二)形成聚焦核心要素推进教学流程的课堂对话教学新范式

作为操作系统的对话课堂新范式,对话教学的"核心要素"包括问题与倾听、合作与分享、创造与生成;其基本流程为"创设对话情境、促进深度理解、共享思维成果"(图2),改变了"教师独白,学生听讲"的课堂面貌,使课堂焕发出生命活力。

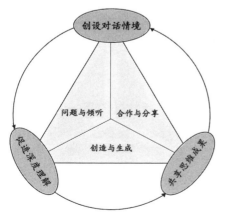

图2 "对话教学"的循环螺旋结构

（三）形成以自主、协作、跨界为特征的教师同侪对话研修新路径

成立"对话课例精修工作坊"等灵活的跨学科共同体，开展"对话教学"主题教研，形成了"教研组—备课组—各类学习共同体—工作坊"相互支持的专业组织体系，探索出"共享·互助·成长"的同侪对话研修模式。

（四）在治理现代化理念下探寻支撑"对话教育"的学校治理新机制

针对学生青春期心理失衡、多元主体沟通失协的问题，构建以"基于平等、经由对话、达于理解、形成共识、创生新质"为特征的学校治理对话机制，充分激活了学校发展的内生力、共生力、创生力。

1. 形成"提升主体精神的对话参与机制"

在权力决策与运作格局中重新界定权力边界，将议事程序的规范性与对话交流的开放性有机统一起来，放大规划过程的共识凝聚价值，建立扁平化的管理模式，激活基层组织活力，锻炼基层管理能力，成立非行政化、专业化、弹性化、自由生成的跨学科研究共同体，变"领导与被领导"关系为"合作伙伴"关系，营造开放和谐对话氛围，促使师生成为积极主动的第一责任人、行动者与创造者。

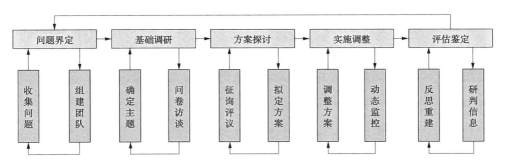

图3　提升主体精神的对话参与机制

2. 形成"践行商谈伦理的民主协商机制"

针对家校社共育界限不清、家校冲突等问题，建立了家校互动机制，学校职能的专门性、组织的严密性、功能的全面性、内容的协同性、手段的有效性、形式的稳定性与家庭教育形成有机互补；举办家长学校，开展行为契约教育，制定家务劳动契约、手机使用契约、亲子共读契约等，整理出目标清单、习惯清单、问题清单与行为清单，改善家校、亲子关系；定期开展"智慧家长""真善少年""仁爱

教师"等评选活动,助力家校命运共同体的打造,提升家长家庭教育水平,形成家校社协同育人的良性互动循环。

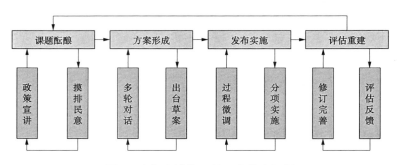

图4 践行商谈伦理的民主协商机制

3. 形成"发现教育意义的共识达成机制"

在课程与教学管理、教育活动设计、多元对话评价中形成了"求同存异""求异存同""异同比较"与"意义发现"的共识达成机制;从学生学习需求调研、教师自主合作申报、专家动态审议指导等角度,建构课程开发审议的对话机制,开发了丰富的刚需课程、普需课程、特需课程,融合间接经验知识与直接经验知识两种知识形态的课程优势,打通书本世界与生活世界,为学生创造跨学科学习的情境与经历,引导学生在与知识、老师、同伴和自我的对话中发现学习的意义和生活的趣味。形成了基于对话的以"满足学生心理需求的儿童节"为典型案例的教育活动设计共识达成机制;综合运用观察量表、成长档案袋、创作、展示、演讲表演、自评互评等互动对话方式,改进结果评价,注重过程评价,探索增值评价和健全综合评价。

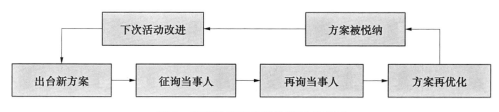

图5 发现教育意义的共识达成机制

(五)营造由课堂对话范式、同侪研修路径和对话治理机制三大系统构成的公办初中育人新生态

通过多维度、多路径、全域推进对话教育的系统构建和实践,探索出管理者、

教师、学生、家长和专家五类主体之间"共情、共建、共商、共治、共生"的"五维五共"对话路径,培育和谐关系的价值引领,确立主体地位的制度保障,成立促进共同成长的家长学校,建立化解矛盾的协商机制,系统优化学校的育人生态。构建起民主开放、和谐互信、平等沟通、伙伴协作的对话育人新生态,推动学校整体转型性变革,促进师生才智涌流,教育活力迸发。

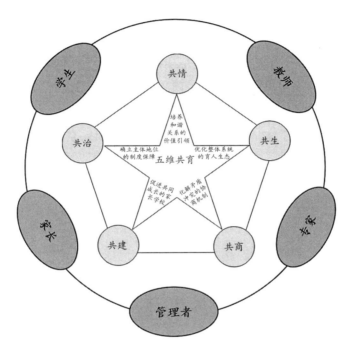

图6 "五维五共"的融合对话育人生态

三、成效与反思

（一）主要成效

本成果经历了从课堂到德育、研修和管理的推广与检验,主要成效如下:

1. 彰显对话价值,形成愿景共识力

以"建德建业、惟实惟新"核心价值、"脚踏实地育真人,千方百计创未来"办学理念和"美丽校园、书香支部、心灵港湾、温馨班级、德业课程、对话课堂、真善少年、仁爱教师、智慧家长"九位一体教育蓝图,培育"探索真知、追求真理、学做真人、活出真我"时代新人。"用父母心办教育""让每一个孩子拥有对话世界的力量"等教育理念成为普遍共识,350余名教师和5 000多个家庭形成了具有"愿景共识力"的价值共同体。

2. 构建对话机制,激活师生内生力

对话治理机制为师生发展"保驾护航",确保"对话素养"课程的有效开发。通过《培育初中生对话素养的实践研究》《基于对话机制建设的公办初中治理优化的实践研究》重点攻坚课题研究,依托《五育并举引领下的初中学校"三需"课程开发与实施的研究》市级项目研究,形成基于对话的"学生学习需求调研,教师自主合作申报,专家动态审议指导"的课程审议机制,围绕对话素养培育,优化"五育"课程结构,满足学生青春期身心成长的"普需"、兴趣特长发展的"特需"、学业进步的"刚需"。在教育过程中,教师用心倾听对话、启发引导,探索"对话式述评",班主任、任课教师、同学、家长等从多元视角与学生对话交流,发现闪光点,激发求知欲和创新精神,充分释放师生双主体的内生动力。

对话机制促进了"专业自主、协作共研、跨界融合"的造血型教研组、备课组和跨学科弹性团队等学研行共同体的建设。同侪对话研修模式关注实践需求,突出问题解决,激活参与主体,畅通交流渠道,使校本研修核心化,核心主题多维化,多维领域立体化,形成了垂直对话、平行对话与交叉对话的网络架构,分享、流转和辐射课程开发、教学经验、科研成果,实现教学理念、教学方式、教学关系、教学评价、教学研讨全方位改革,教师的职业尊严和生命质量得以提升,并产生溢出效应,打造出一支由2名正高级教师、6名学科带头人、29名骨干教师、48名高级教师、2名博士学位、93名硕士学位、115名党员共同组成的优秀教师队伍;近年来,教师获奖数量惊人,质量喜人,全国教学大奖赛、四年一次的中青年教师教学评比、浦东新区爱岗敬业教学技能竞赛、上海市语文大讲堂"教学之星"的评比佳音不断;在课堂教学、德育、心理、科研、管理等不同领域的论文评比和赛事活动中捷报频传。

3. 重构教育关系,建设学校生态力

搭建多主体协同对话平台,重塑了基于交往理性的新型教育合作伙伴关系,师生关系(由训话独白转向互动对话)、同侪关系(由单兵作战转向协同共研)、亲子关系(由随意训诫转向理性沟通)、家校关系(由疏离紧张转向共情共育)等得以优化,营造了平等沟通、民主和谐、协作互信的育人生态,集聚教育合力。

4. 推广对话成果,扩大学校影响力

在办学质量的显著提升方面,学校先后获评市优秀基层党组织、市文明单位、市首批文明校园、全国中小学心理健康教育特色培育校、市中小学行为规范示范校、市家庭教育示范校、教师专业发展学校,获评市首批中小学心理示范校、市学校心理健康教育先进集体 5 次(每三年评一次)等荣誉。吕玉刚、任友群两位教育部司长现场指导、高度关注,吕玉刚司长充分肯定并高度评价我校现代治理理念下学校"对话教育"的探索——"这就是立德树人。"

在学校的辐射引领方面,充分发挥"双名"主持人的引领示范辐射作用,构建了以建平实验中学为基地(区见习教师规范化培训基地、区教师专业发展学校),以"双名"工作室引领的多层次开放式研修格局,形成了浦东新区李百艳语文教师培训基地、上海市"双名工程"高峰计划名校长团队、教育部"国培计划"领航名师工作室三环协作的同侪对话研修模式,成立了"三区三州"跨区域协作式工作室,把学校教师队伍和工作室学员结合起来共同培养,带动深度贫困地区支援校、金杨学区兄弟校、上海市强校工程实验校共同发展,把差异转化成研修资源,异中求同,同中有异,校室整合,相互带动,共同发展,助力基础教育优秀人才培养体系的构建。

校长先后受邀参加第十四届国际校长联盟大会、2020 年世界人工智能大会云端峰会、2020 中国教育报校长大会、2020"全国新时代高品质学校建设"校长大会、2021"宣讲行 送教行"全国大会、上海市第四期双名工程首届"名师名校长高峰论坛"等,围绕"现代治理理念下公办初中对话教育的探索与实践"主题发言,有效发挥了示范、引领和传播推广的作用。

学校深入贯彻落实中共中央、国务院关于打赢脱贫攻坚战的决策部署,将"对话教育"的成果推广应用到"三区三州"云南省怒江傈僳族自治州,先后选派多名教研、管理骨干及优秀教师团队前往云南怒江州开展教育教学交流研讨活动,先后为三区三州开展了 14 次线上对话教学培训,带动怒江州教师提升教学能力和教育水平,提高怒江州中学办学质量。

在研究成果的产出与传播方面,在《人民教育》《中国教师》等期刊发表"对话教育"相关论文 20 余篇;出版《对话与超越》等相关学术专著 4 部;《治理导向下的对话机制探寻》获市第二届初中学校教育管理案例评选一等奖。主持国培计划"领航工程"课题、市"双名"高峰课题等 10 余项。《家校心心相印,共育阳光少年》《创想未来之城,开启未来教育》等成果被学习强国、中国教育电视台、中国教育报等知名媒体报道。

(二)反思

1. 加强成果转化,推动辐射引领

从重视"事"到重视"人",亟须营造良好的软环境,优化对话方式与机制,让更多人、更多学校参与到对话治理中,让师生成为积极主动的行动者、创造者。

2. 加强平台建设,优化育人氛围

打破正式与非正式组织间的疆界,构建对话共同体,在学校管理、课程教学改革、家校社共育等方面搭建对话平台,推进对话共同体的多元、多层次、多方位建构,增进主体之间的信任、理解与支持。

3. 加强对话评价,提升对话实效

基于对话治理思想,开发有效测量工具与评价指标,结合信息技术开展数据追踪与分析,促使研究成果可见、可评、可测。

一等奖

每个儿童都是有力量的学习者

——基于儿童视角的幼儿园课程创新实践①

姚　健　皇甫敏华　兰　璇　沈祎冰　胡　颖　邵　怡

一、问题的提出

2021 年国务院颁发的《中国儿童发展纲要(2021—2030 年)》明确指出,"促进儿童健康成长,能够为国家可持续发展提供宝贵资源和不竭动力,是建设社会主义现代化强国、实现中华民族伟大复兴中国梦的必然要求"。为了促进儿童健康发展,需要先进理念的引领。"以儿童为本"正是近年来我国基础教育领域逐步确立起来的基本理念。

就我国当前幼儿园教育实践来看,在落实"以儿童为本"这一理念时,还普遍存在以下四个层面的问题:① 在观念和认识层面,成人尚未充分认识到儿童与童年本身的价值,缺乏从儿童立场、儿童视角出发走近与理解儿童的意识。② 在幼儿园实践层面,缺少对"以儿童为本"的系统性研究。虽然有幼儿园开展过局部的实践尝试,但仍较为零散,缺乏从理论到实践的系统架构。③ 在教师实践层面,教师虽有先进理念,但在实践中对儿童视角、儿童参与的关注与落实不足。④ 在儿童经验建构层面,儿童对课程经历缺乏系统回顾与反思,对自身的力量感知不足。

我们的教育实践,若要真正落实"以儿童为本"这一理念,从"为了儿童"转为"基于儿童",关注"儿童视角"是必经路径。"儿童视角"是儿童观察、认识、感

---

① 本教学成果获得 2021 年上海市优秀教学成果奖一等奖。

受、理解、体验、处理周围世界的角度和方式。作为教育者,要对儿童施以影响,需要借助观察、对话、倾听、移情体验等方式,对儿童在教育实践活动中的外部言行表现进行意义阐释,从而获得对儿童感知、经验和行动的深层理解。

因此,本研究着力解决的问题有四个:① 在观念和理念层面,如何理解"以儿童为本"的内涵? 如何认识"儿童视角"? ② 在幼儿园顶层设计层面,如何系统规划基于儿童视角的幼儿园课程? ③ 在教师实践层面,如何帮助教师将"儿童视角"落实于实践? ④ 在儿童经验建构层面,如何让儿童切实感知自己的课程经历与成长?

二、成果的主要内容

(一)建构了"儿童视角"的理念共识

1."儿童视角"是儿童观察、认识、感受、理解、体验周围世界的角度和方式

儿童是自己生活世界的主体,他们对世界有着自己独到的观察与体验的视角。儿童视角,一方面体现出儿童思维与学习的特质,另一方面也是儿童作为"有力量的学习者"的直接证明。

2. 儿童视角下的儿童观:儿童是有力量的学习者

儿童有权对影响到其本人的一切事项自由发表自己的意见;儿童对自己所处的生活世界有独特的认识和理解视角;儿童能够在与周围世界的丰富互动中以自己所擅长的学习方式建构自己的经验。

3. 儿童视角下的课程观:课程是师生共同建构经验的过程

真正的课程是教师和儿童联合创造的教育经验,课程实施本质上是在具体教育情境中创生新的教育经验的过程。

4. 儿童视角下的学习观:儿童通过与周围世界的互动来学习

身体是儿童学习的主要工具,儿童通过亲身体验与实物操作认识和感知世界,在与他人以及周围世界的互动中,获得感悟与认识,发展能力和情感。

(二)架构了基于儿童视角的课程实践整体框架

基于儿童视角的理念共识,我园架构了基于儿童视角的课程实践整体框架,包括基于儿童视角的幼儿园课程系统规划、基于儿童视角的教师反思性实践指引、基于课程经历的儿童成长地图,分别解决如何将"儿童视角"落实于幼儿园系

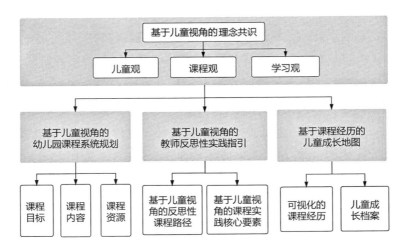

图1 基于儿童视角的课程实践整体框架

统架构层面、教师实践层面和儿童建构经验层面的问题。

（三）确立了基于儿童视角的幼儿园课程系统规划

1. 基于儿童视角的课程目标：建立儿童与目标的内在联结

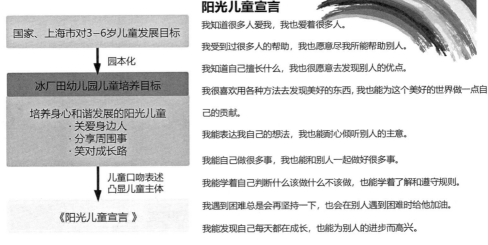

图2 基于儿童视角的课程目标规划　　　　**图3 《阳光儿童宣言》**

《阳光儿童宣言》是我园建立儿童与目标的联结的重要载体。首先，它的基础是国家、地方，以及幼儿园对儿童核心素养发展的期待；此外，《阳光儿童宣言》还体现了"儿童视角"的价值取向：目标应让每个儿童可理解、能认同，让儿童在感知自我成长的过程中获得"悦纳自我、适应社会"的"力量感"。

2. 基于儿童视角的课程内容：反映儿童对生活的真实体验

我园基于儿童视角的课程内容选择，改变了基于教材制订标准化课程内容的做法，更强调儿童的真实生活体验就是幼儿园课程内容最重要的来源，主要包括儿童与自我、儿童与周围的人、儿童与自然、儿童与社会生活、儿童与文化等五大类。在课程内容选择和规划的过程中，我们运用"课程内容选择环"和"儿童生活历"两个工具来支持教师的思考和实践。

基于儿童视角"课程内容选择环"，主张教师以"天时、地利、人和"相结合的方式，系统思考儿童兴趣、核心经验发展、自然时序以及各种地域资源之间的关系，从儿童丰富多彩的生活经历中选择合适的内容纳入课程。

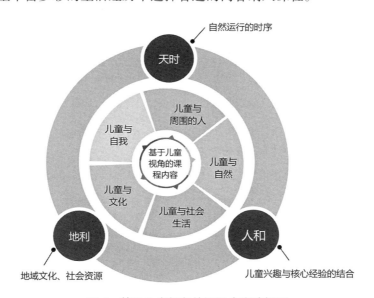

图4 基于儿童视角的课程内容选择环

"儿童生活历"是将课程主题与具体内容以时间为脉络所做的记录和梳理。主要作用体现在：第一，帮助教师梳理和了解儿童感兴趣的课程内容。第二，帮助教师系统规划一学期或者一学年的课程内容安排。第三，成为师幼共同回顾课程经历的载体。

表 1　某大班儿童 2021 年上半年生活历(示例)

月	儿童与自我(身体、情绪、特点等)	儿童与周围的人(同伴、家人与常见职业等)	儿童与自然(动植物、气候、环境等)	儿童与社会生活(社会事件、规则、日常生活等)	儿童与文化(传统节日、节气、民俗等)
2月	• "牛气冲天"运动会(跳远、摸高等)	• 值日生(决策值日生工作,同伴评价)	• 小小天气预报员(观察天象,预测天气)	• "钻石上海"行动 打卡城市地标 学习大本领(小社团活动)	• 闹元宵(做元宵、猜灯谜)
3月	• 跳绳大比拼(全体幼儿) • 成长档案分享	• 儿童会议(小组讨论)	• 植树节种植活动	• 东方明珠探究 安全用电知识竞赛 打卡上海老字号	• 妇女节活动《送给妈妈一个我》
4月	• 跳绳互助结对(个别幼儿)	• 参观5G信息生活体验馆(社会实践) • 参观上海历史博物馆(社会实践)	• 改造小花园	• 制作老字号海报 策划老字号 "未来城市生活展"(废旧材料制作)	• 做青团(清明节制作)
5月	• 你好,"准"小学生(了解小学生活,和小学生对话)	• 竞选"老字号"展览讲解员 • 我给妈妈送祝福(母亲节活动)	• 我和大树的故事(测量大树,大树写生)	• 禁烟宣传小能手(海报设计)	• 劳动的身影(摄影展、劳动工具展) • 立夏活动:欢乐立夏,趣味民俗
6月	• 冰趣足球运动会 《毕业,不说再见》	• 毕业告别仪式	• 捕虫行动 • 有趣的土	• 毕业典礼:《大梦想家》	• 快乐儿童节(游园会、魔术表演) • 父亲节

3. 基于儿童视角的课程资源：建构以儿童为中心的课程资源系统

丰富的课程资源是课程质量的重要保障。我园所架构的课程资源系统以儿童为中心，将与儿童紧密相关的人本身以及与这些人关联的生活作为内圈资源系统，将学校、社区、网络媒介等作为外圈的资源系统，建立了生态视野下的课程资源的系统性规划。教师则可以根据整个系统框架，围绕具体的课程内容对课程资源进行整体规划。

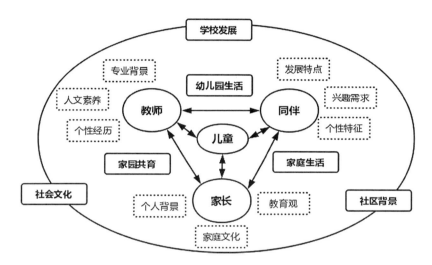

图 5 以儿童为中心的课程资源利用系统框架

（四）开发了基于儿童视角的教师反思性实践指引

1. 基于儿童视角的反思性实践路径

基于儿童视角的反思性实践路径包含两个部分：

（1）儿童视角分析路径：以古德莱德课程层次理论作为基本框架，关键步骤是发现"差异"——儿童实际建构经验与教师预设课程计划之间的差异。教师观察和捕捉儿童实际建构经验的外显证据（如儿童的语言表达、作品表征、行为表现），与教师预设进行对比发现差异，再对差异产生的原因进行分析，透过现象看本质，提炼出反映儿童思维与行为具有一定普适性的特质，即"儿童视角"。

（2）在儿童视角分析路径的基础上，补充"发现儿童的兴趣与需求"与"反思与改进"两个步骤，以此形成完整的课程实践闭环。路径中的每一步都辅之以关键反思性问题，以帮助教师开展反思性课程实践。

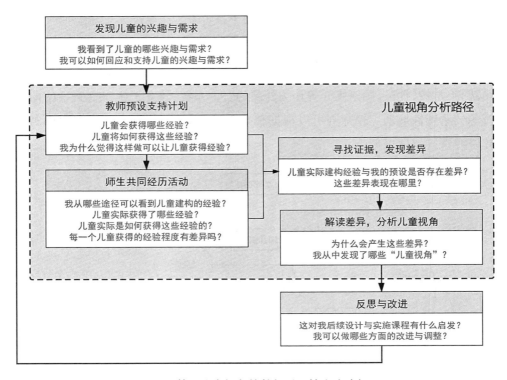

图6   基于儿童视角的教师反思性实践路径

2. 基于儿童视角开展课程实践的四大要素与操作指引

基于国内外儿童视角理论研究,以及对本园和国内外大量优秀课程实践案例的分析总结,我园梳理了基于儿童视角开展课程实践需要凸显的四大要素。

（1）丰富和拓展儿童的经历和视野

儿童自身的经历与视野是儿童视角产生的基础。教师需要尽可能地为儿童创设丰富多元的课程环境,从广度和深度上去支持儿童获得更多对自然、社会的

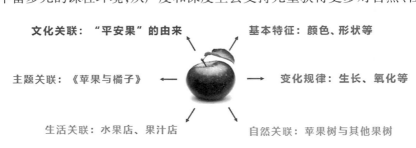

图7   围绕"苹果"拓展儿童经历与视野的思维导图

真实体验与充分感受,挖掘儿童学习与发展的多种可能性。

（2）倾听儿童,与儿童对话

倾听与对话是让儿童视角得以彰显的基本途径。教师需要通过各种途径去倾听儿童通过各种表征手段所表达的显性和隐性的"声音",并通过与儿童之间的深度对话来真正理解儿童视角。

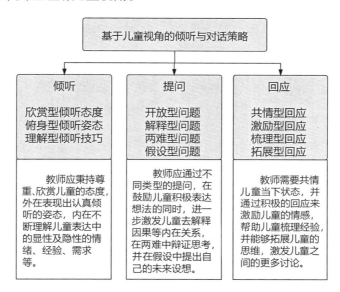

图8 基于儿童视角的倾听与对话策略

（3）纳入儿童的参与和决策

参与和决策是儿童视角在课程中落实的关键路径。教师应为儿童发表自身意见提供各种平台与机会,重视并采纳儿童的合理意见,与儿童共同商议和决策课程中的各类与他们有关的课程事务。

表2　儿童参与幼儿园事务清单

班 级	制订班级公约、选拔值日生、竞选班干部、创设班级环境、划分班级游戏场地、收集游戏材料、策划升班典礼、策划毕业典礼、策划比赛……
幼儿园	创设门厅环境、改造户外活动场地、改造活动室环境与材料、策划六一大活动、策划国庆大活动……
家 庭	策划家庭旅行、整理自己的房间、承担简单的家务劳动……

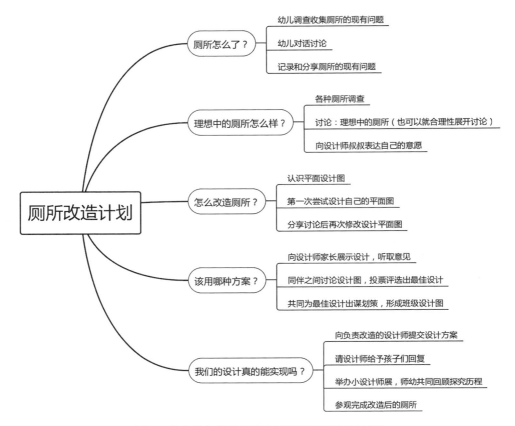

图 9 儿童参与幼儿园事务案例《厕所改造计划》

（4）让每个儿童感知自己的成长和力量

让每个儿童在课程经历中获得成长的"力量感"是"儿童视角"旨趣所在。教师应努力观察和理解每个儿童的独特表现，尊重儿童之间的差异，并让儿童能够从各种途径了解感知自己的成长过程，从而获得内在的力量感。

本研究还梳理了以四个核心要素为框架的课程实务操作指引，指引从儿童角度出发，指出儿童在各类活动中可以获得的学习机会，包括基于儿童视角的环境创设、基于儿童视角的幼小衔接、基于儿童视角的户外活动等，以促进教师从儿童视角反思和改进自己的教育行动。以"基于儿童视角的环境创设"为例：

午休时，你拿着你的新发明来跟我介绍："倪老师，你看，这是个可以听到虫子说话的机器"。我好奇地问，这个机器是怎么工作的？你告诉我，虫子碰到钢铁的话，它发出的很小的声音会被放大，声音就会被存到这个盒子里去了，声音再传出来我们就能听到了。你给它取名为"探虫机"，它还能知道这个虫子是哪个品种的。

时间：2021.5.12
地点：花园
对象：致远（6岁）

粽子，这已经是你连续第四天和我分享你的创意发明了，我由衷地为你的想象和创造力点赞。
第一天，你告诉我最近多了很多虫子，会吃掉我们种的植物，所以你做了一个"青蛙捕虫器"。你把手工纸卷起来，模仿青蛙的舌头，固定在一个纸卷筒上，纸卷筒的另一端封上了。你说虫子只要爬到"舌头"上，就会被卷进"青蛙肚子"。你还给我演示，它的"卷舌头"可以固定在树枝或者栏杆上，这样虫子靠近树枝就会被抓到。在演示的过程中，一开始几次失败了，但你仍然继续尝试，一直到固定成功了为止。

粽子，你总是能发现大自然或是生活中的各种变化，充满奇思妙想，会试着去寻找合适的材料，来进行探索实验。能综合运用多种工具、材料，通过不同的表现手法来表达自己的感受和想象。
最近我们在研究"动物大世界"，其中我们聊到了仿生学。当你发现天热了，花园里的虫子变多了时，你就将主题经验进行了迁移，开始设计捕虫器。
你每次尝试都能形成计划，不分心地专注于自己的任务。在完成之前，即使遭遇挫折也能够坚持尝试直到目标完成，特别是"青蛙舌头"的再现。
你也愿意和我分享你的创作，能较为完整清晰地表达自己的想法。你还能从自己过去的经验中总结一些想法、建议，做出一些预测或者产生新的想法，比如你想到前两个捕虫器有点大，是不是容易被虫子发现，所以就做了个小巧的。

图 10　彰显儿童成长经历与力量的学习故事（示例）

表 3　基于儿童视角的环境创设操作指引

	儿童在环境中的学习机会
丰富和拓展儿童经历和视野	所有儿童都能够便利地、充分地接触到为他所用的环境材料
	儿童能够清楚地理解环境中的一些标识、提示、图谱的意义，并在这些提示的帮助下更好地开展活动
	儿童的环境与真实的自然和生活紧密联结，并能从中获得新奇体验，使自己的视野不断拓展
	儿童可以在环境中获得符合他的年龄特点和发展需要的各领域的核心经验和各类素养的发展
	儿童可以在活动中充分挖掘低结构材料以及各种工具运用的可能性，在深度探索中积累经验
	儿童在开放、有序、舒适的环境中获得美感、秩序感、安全感的浸润
	个别有特殊需要的儿童可以在环境中获得个性化的支持
倾听与对话	儿童在环境中有多元的表达表征的机会，而且这些表达会得到老师或者同伴的理解和欣赏
	儿童可以和教师或同伴交流在环境中的经历和体验，并且这些体验会成为教师调整环境的重要依据

续　表

	儿童在环境中的学习机会
参与与决策	儿童都有权利和机会在丰富多样的环境材料中选择自己所感兴趣的内容，或以自己喜欢的各种方式与环境发生互动
	儿童有权利和机会在班级、幼儿园的各类环境创设和优化的过程中表达自己的需求和想法，并且这些想法会得到尊重和采纳
	儿童可以在参与环境创设过程中学习如何与同伴达成共识，如何兼顾想象和合理性，如何对自己的决策负责等品质
关注真实经历与成长	儿童有意义的课程经历会以各种方式在环境中呈现，以便他们可以随时回顾、分享和讨论
	儿童在与环境互动中遇到的各种困难或问题能被教师所关注，并得到教师的有效回应和支持
	儿童都可以看到和感受到自己对环境的影响作用，并在此过程中获得力量感和成就感

（五）设计了基于课程经历的儿童成长地图

1. 课程经历地图：多元表征让儿童的课程探究过程可见

每个儿童的课程经历都是儿童自主建构经验，体验自我成长的重要载体。"课程经历地图"是指师幼共同通过多种表征手段，对课程经历进行记录、梳理和

图 11　"课程经历地图"绘制路径

可视化呈现的过程。

2. 儿童成长地图：让每个儿童的学习与发展可见

儿童成长档案是幼儿园记录儿童成长过程的重要载体。我园将儿童成长档案定位为让每个儿童学习与发展可见的"儿童成长地图"，主要包含以下关键要素：

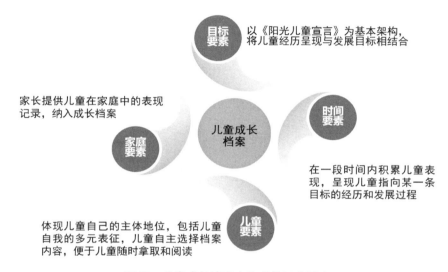

图12　儿童成长档案中体现的四个要素

（六）突破与创新

1. 理念创新：深层解析"儿童视角"的理念内涵与价值定位

"儿童视角"虽是目前学前教育领域的热词，但许多幼儿园和教师对它的真正内涵和价值仍然不甚了解。因此，本研究首先从理论以及自身的实践经验出发，深层剖析了"儿童视角究竟是什么、有什么意义、儿童视角下的课程观和学习观是什么样的"这些关键性问题，为幼儿园以及一线教师真正理解儿童视角提供了参考。

2. 方法创新：为一线幼儿园与教师提供了"儿童视角"的研究方法

目前相关研究多是对儿童视角的宏观概念或意义阐释，或将儿童视角作为研究方法对幼儿园某类活动进行研究，鲜少能为一线教师提供儿童视角获取、分析、提炼的操作路径。我园提出的基于"差异"的儿童视角分析框架，从200个案例中提取的对儿童视角的内涵认识,为一线教师提供了基于实践提取儿童视角的操作方法。

3. 实践创新:提供基于儿童视角的课程实践范式

"基于儿童视角的课程应该怎么做"这一关键问题,目前鲜少有结构化的可推广的经验。我园基于十余年课程创新实践的经验,一方面从园所的顶层设计角度建立了基于儿童视角的课程规划系统,另一方面为一线教师提供了包括实践路径、反思指引、实践案例、实施策略在内的全面实践指导,从上至下地完整呈现了"基于儿童视角的幼儿园课程"的实践范式。

三、效果与反思

历经十年的研究推进,冰厂田幼儿园(以下简称"冰幼")围绕"以儿童发展为本"的课程创新实践与探索,在以下方面取得了显著成效。

(一) 儿童发展

我园幼儿 2018 年和 2019 年连续参与由上海市教委立项、国家儿童医学中心和上海儿童医学中心负责实施评估的"上海市儿童早期发展状况调查",调研结果显示,在"中国儿童能力指数(Chinese Early Human Capability Index,CHeHCI)"和"亲社会行为"这两项测评项目中,我园小班与大班幼儿表现普遍高于上海市幼儿平均水平。

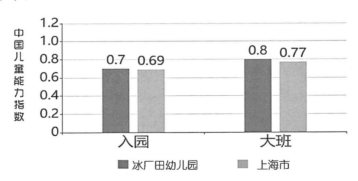

注:中国儿童能力指数(Chinese Early Human Capability Index,CHeHCI)是测量 3—6 岁儿童早期发展能力的国际标准化问卷。

**图 13　2019 年冰幼幼儿参与上海市儿童早期发展状况调查中
"中国儿童能力指数"结果**

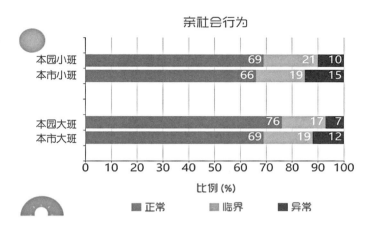

注：长处和困难问卷（Strength and Difficulties Questionare，SDQ）是国际上广泛
应用的标准化问卷，用于评估 3—16 岁儿童的心理行为状况（情绪症状、
品行、注意力和同伴关系）。

图 14 2019 年冰幼幼儿参与上海市儿童早期发展状况调查中"亲社会行为"结果

连续十年家长问卷调查，"儿童发展"板块家长满意度超过 95%；通过家长问卷调查与访谈，以及对幼儿园毕业生义务教育阶段在校表现的持续跟踪，普遍反映，冰幼儿童在自我认知（自尊、自信）、学习品质（好奇心、主动性、想象与创造、反思与解释等）、社会性品质（关爱他人、归属感）等素养方面表现突出，树立了"有能力的学习者"的鲜明毕业生形象。

（二）教师发展

十年的课程创新探索实践，让冰幼教师逐步成长为一支"更愿意看儿童、更懂儿童"的教师队伍，从以下数据可见一斑：每年平均每位教师拍摄的儿童活动照片超过 5 000 张，拍摄视频超过 2 000 分钟；每年平均每位教师为班级儿童撰写 30 篇学习故事或观察记录，累计观察记录超过 2 万字；每位教师撰写一份主题活动计划与反思，从最初"复制＋粘贴"不足 30 分钟，到现在要花 6 个小时，仅仅"上周回顾与反思"部分就能写上千字。以上这些数据的背后，反映的是冰幼教师从看"书上的儿童""指南里的儿童"逐渐转向看"真实教育现场中的儿童"，不断积累解读真实儿童兴趣、问题和需求的经验，不断缩小教师预设与儿童真实建构经验的差异，这便是教师专业发展的真实体现。

与此同时,以下数据也可以见证冰幼教师课程实践与研究能力的提升。

· 教师在上海市与浦东新区层面开放公开课 200 余节;市区级见习教师规范化培训教学设计比赛和基本功大赛中获奖 70 余人次;市区级"新苗杯"评优获奖 30 余人次;市区级青年教师爱岗敬业教学竞赛 8 人次;上海市与浦东新区幼儿园中青年教师教学评优获奖 6 人次。

· 教师累计在《学前教育》《上海课程与教学》《上海托幼》《浦东教育科研》《浦东教育》等期刊发表文章逾 50 篇;教师在长三角黄浦杯征文、调查研究征文、文献综述征文、浦东新区优秀论文等活动中获奖逾 90 人次。

· 正高级教师职称增加 1 人,中高级教师职称人数增加 7 人,一级教师职称人数增加 33 人;浦东新区骨干教师和学科带头人增加 27 人。

(三)幼儿园发展

近十年,冰幼对幼儿园课程方案进行了三轮优化,积累优秀课程实践案例逾百个,已出版三册专著《办一流幼儿园》(中国轻工业出版社,2015 年 4 月)、《幼儿园园本课程设计与指导》(中国轻工业出版社,2015 年 5 月)、《幼儿教师课程领导力提升实践:班本化课程》(华东师范大学出版社,2019 年)。此外,部分研究成果被收录于《幼儿园课程领导力在生长》(上海教育委员会教学研究室编著,上海科技教育出版社,2019 年 9 月)一书。

图 15　冰厂田幼儿园在研究过程中出版的专著

幼儿园已累计参与三轮上海市提升课程领导力行动研究项目,累计申报立项《以班级为基点的幼儿园课程建设实践研究》《基于班本课程创生提升幼儿教师专业素养的行动研究》等上海市与浦东新区科研课题近二十个,课题研究《优化教研模式,促进幼儿教师专业发展的实践研究》获教育部"以园为本教研制度建设项目"上海市成果一等奖,先后还荣获浦东新区浦东新区科研基地校、第九届教育科研工作先进集体、上海市教育科研成果二等奖、浦东新区第九届教育科研成果二等奖等荣誉称号。

(四)示范辐射

冰厂田幼儿园是浦东新区冰厂田教育集团的牵头校,集团下属的浦东17所幼儿园,近年来引入冰幼研究成果,开启集团课程共建项目,积极开展基于儿童视角的课程实践与探索,搭建了"课程实践与探索—经验提炼与梳理—成果交流与展示"的立体结构。集团成员校三年内骨干教师比例提升18%,累计举办区级以上展示交流活动逾百场,共计有1所成员校晋级为市示范幼儿园,3所成员校晋级为市一级幼儿园,促进区域整体教育质量高位、均衡发展发挥了显著推动作用。

近年来,在全国园长大会、上海学前教育年会、上海市提升中小幼课程领导力项目组展示、上海市双名工程课题研究成果展示、浦东新区教学展示周等活动中,冰幼基于儿童视角的课程建设与提升教师课程领导力方面的成果,在浦东新区、上海市、全国范围内进行了广泛传播与推广,现场参与受众逾5 000人次,线上传播逾万人次。

(五)反思与展望

冰幼教师队伍已普遍确立"以儿童为本"和"基于儿童视角"的理念,也有参与行动的积极性与饱满热情,但是考虑到不同发展阶段和水平的教师在理念领悟与实践转换上仍存在着差距,后续通过持续的实践推进,希望儿童视角能够内化为教师每一个教学行为的"底层逻辑",全体教师能将理念内化为下意识、由内而外的行动。

打下科学的底色

——幼儿科学启蒙教育 26 年实践[①]

龚卫玲　郭敏敏　翟伟荣　邱佳佼

2001 年教育部颁发的《幼儿园教育指导纲要(试行)》将"科学"正式列入幼儿园教育领域,明确指出"幼儿的科学教育是科学启蒙教育,重在激发幼儿的认识兴趣和探究欲望"。2020 年习近平总书记在科学家座谈会上也指出:"对科学兴趣的引导和培养要从娃娃做起。"幼儿科学教育是全民科学教育体系的起始阶段和基础环节,加强幼儿科学教育既是社会对科技人才需求的必由之路,也是幼儿自身发展的客观需要。不过在幼儿科学启蒙教育上也还存在着诸多亟待解决的难题。

一、问题的提出

(一) 研究动因

首先,如何认识幼儿科学启蒙教育的价值。进行科学启蒙教育虽已逐渐为广大幼儿教育工作者所接受,但他们对有关幼儿科学启蒙教育的价值认识并不清晰:科学素养对幼儿发展意味着什么? 幼儿究竟需要怎样的科学素养? 幼儿科学启蒙教育的价值何在? 这些关乎幼儿科学启蒙教育的原点问题,对其认识不清影响了幼儿科学启蒙教育的方向与效果。

其次,如何实施幼儿科学启蒙教育。正是由于人们对幼儿科学启蒙教育的价值认识不清,使幼儿科学启蒙教育的实践操作存在偏差。很多幼儿园采用知

---

① 本教学成果获得 2021 年上海市优秀教学成果奖一等奖。

识讲授的方式进行科学启蒙,让原本丰富多彩的科学活动变得呆板、无趣,难以激发幼儿科学探究的兴趣和热情。此外,幼儿园大多缺少评价意识,忽视对幼儿科学启蒙教育效果的检验。

再次,如何建立幼儿科学启蒙教育保障机制。幼儿科学启蒙教育的实效离不开配套的保障。在实践中,如何营造有助于幼儿科学启蒙教育的环境,如何建立相应的制度保障幼儿科学启蒙教育开展,都存在很多问题。

(二)研究问题

1995 年到 2004 年,我国先后立项两项市级课题。由此,"素养养成教育"开启先声,我园成为国内最早开展此类研究的团队之一。2008 年,我园依托市级课题"基于儿童经验的幼儿科学启蒙教育",着手全方位建构幼儿科学启蒙教育课程。2016 年,结合前期课程实践中面临的难题,聚焦幼儿的发展性评价,开启市级课题"指向幼儿科学素养的表现性评价研究"。本课题经历了 26 年的探索、实践与推广,着力于解决的主要问题如下:

1. 如何认识幼儿科学启蒙教育?幼儿科学启蒙教育对幼儿素养发展的意义在哪里?

2. 如何定位幼儿科学启蒙教育的目标?如何构建与目标相匹配的教育内容?如何选择与目标相符合的实施方式?以及如何评价幼儿科学启蒙教育对幼儿发展的效果?

3. 如何建立幼儿科学启蒙教育的保障举措?这些保障举措怎样才能推动幼儿科学启蒙教育的有效实施?

依时间序,本课题经历了以下阶段(见图 1):

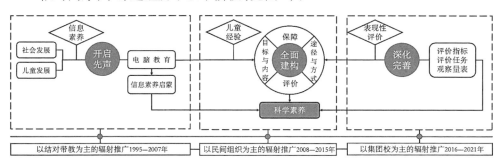

图1 幼儿科学启蒙教育的研究历程图

二、成果的主要内容

我园明晰了基于儿童经验、指向幼儿科学素养的幼儿科学启蒙教育的理论认识,并据此确定了指向科学素养的幼儿科学启蒙教育的目标和内容体系(见图 2),建构了与目标和内容体系相匹配的实施途径与方式,并通过表现性评价,从评价的角度丰富和完善了幼儿科学启蒙教育,借助保障机制推动幼儿科学启蒙教育的顺利实施。

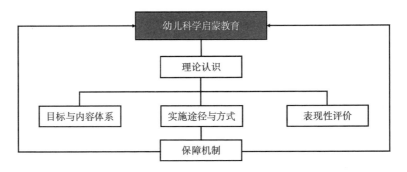

图 2　幼儿科学启蒙教育的成果内容

(一)确立了幼儿科学启蒙教育的理论认识

我们的探索表明,从儿童经验出发,以保护和发展儿童的好奇心为中介,明晰幼儿科学素养,最终指向幼儿科学素养的培育,是我们经过 26 年探索形成的幼儿科学启蒙教育的理论认识(见图 3)。

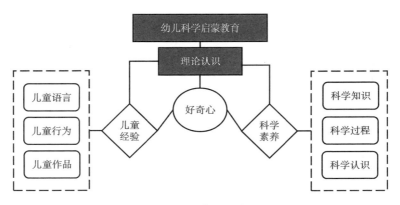

图 3　幼儿科学启蒙教育的理论认识

1. 立足于儿童经验

幼儿科学启蒙教育是建立在对儿童如何学习、能够学什么,以及适宜的科学内容的认识基础之上的。直接经验是儿童学习科学的重要和主要方式,科学启蒙教育活动要建立在儿童的发展背景、已有观念和知识的基础上,与儿童的一日生活融为一体。

2. 以保护和发展儿童的好奇心为中介

立足于儿童经验的幼儿科学启蒙教育,最为关键的是保护和发展儿童的好奇心。幼儿科学启蒙教育要为儿童提供发展其好奇心和建构观点的机会,以更多有意义的经验来挑战儿童的原始经验,帮助儿童发展新的、更复杂的有关周围世界的事物与现象的观念。

3. 旨在发展幼儿科学素养

培养幼儿的科学素养是开展幼儿科学启蒙教育的重要内容。国际上普遍将科学素养概括为三个组成部分,即了解科学知识、了解科学的研究过程和方法、了解科学技术对社会和个人所产生的影响。幼儿的科学素养具有其自身年龄特点,包括了情感态度、过程方法和知识技能三个层面的素养(见表1)。

表1 幼儿科学素养构成

科学素养构成维度	具 体 构 成
情感态度	喜欢探究、好奇好问、持续专注
过程方法	观察、感知、思考、测量、分类、预测、推断
知识技能	信息收集、动手拼装、问题解决、表达交流

(二)建构了幼儿科学启蒙教育的目标与内容体系

为了培育三个层面的幼儿科学素养,我们确立了"会提问、乐探索、善表达"三方面的幼儿科学启蒙教育目标;基于目标,通过分析儿童经验中的关键经验,形成了"动手拼装、探索世界、信息收集"的幼儿科学启蒙教育内容体系(见图4)。

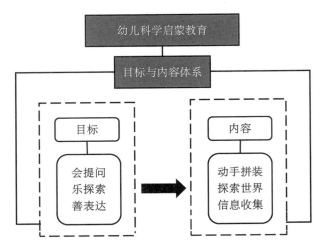

图4 幼儿科学启蒙教育的目标与内容体系

该体系一方面,确立了幼儿科学启蒙教育的目标,即幼儿园阶段需逐渐养成的科学素养的集合。基于素养的情感态度、过程方法和知识技能的三维构成,为了精准指向幼儿科学素养的培育,我国又针对幼儿园阶段的年龄特点,通过不断摸索,最终确立了"会提问、乐探索、善表达"的科学启蒙总目标(见图5)。

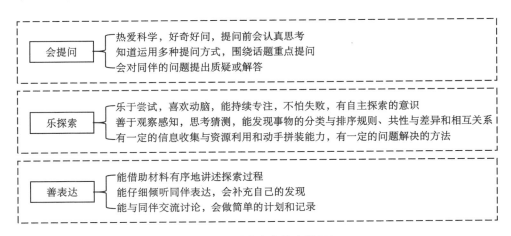

图5 幼儿科学启蒙教育的目标

另一方面,建构了与目标相匹配的幼儿科学启蒙教育的内容。幼儿的科学启蒙教育内容,主要指向活动中的关键经验,即对经验系统或经验结构起

支撑作用,有利于经验的建构、迁移以及对知识的深层理解的经验。在"会提问、乐探索、善表达"的科学启蒙总目标统领下,基于对儿童的关键经验的分析,形成了"动手拼装、探索世界、信息收集"的科学启蒙内容体系(见表2)。

表2 幼儿科学启蒙教育内容

内容	关 键 经 验	内 容 示 例
动手拼装	**主动性和计划性**:在帮助下,能制定简单拼装计划,并按照步骤(设计)进行制作、实验、拼装;遇到问题能思考、会调整	计划和记录:制订计划、讨论步骤与方法、回顾过程、图符记录表达。物品与材料:生活用品(筷子、纸牌、纸杯、冰棒棍、卷筒纸芯、矿泉水桶等);拼装玩具(乐高、万能小工匠玩具、雪花片、磁力片等)。
	想象力与创造力:能组合运用多元材料拼搭、制作,表现出物体的造型,富有一定创意	
	合作搭建:能想办法结伴共同搭建,活动中能与同伴合作、分工、协商,一起克服困难,完成作品	
	建构技能:能看懂图符,会选择合适材料进行拼装、实验等,过程中能运用拆装、组合、连接、垒高等技巧	
探索世界	**好奇好问**:喜欢接触新事物,对新事物充满好奇,喜欢提问,会主动追问和探索	感知特征:物体的轻重、大小、形状、色彩、高矮、软硬、轻响、甜酸。发现关系:发现沉与浮、斜坡与速度、空气与燃烧、植物与阳光、水与温度的关系。分类排序:按物体的特征功用等进行分类,按一定规律排序。
	持续专注:遇到困难时能多次尝试,不轻易放弃,直到任务完成	
	观察感知:各种感官主动感知周围事物的特征,比较事物的异同,发现事物之间的关系	
	思考猜测:能用一些简单的方法来验证自己的猜测,并根据结果进行调整	
	问题解决:对周围环境中的数、量、形、时间、空间等表现敏感,运用已有经验和简单的方法解决生活和游戏中的问题	
	表达交流:在探究中与同伴合作,并用多种方式交流自己的发现、问题、观点和结果	

续　表

内容	关 键 经 验	内 容 示 例
信息收集	信息敏感性：有较强的信息意识，会主动关注周围生活中即时发生的信息；对信息有一定敏感度，认识到获取信息资源的重要性	方式：咨询、访问、参观、调查 媒体：海报、照片、图书、广告、报纸、刊物、录像、电视、广播、网络 物品与材料：日常用品、玩具、废旧材料
	收集与处理信息：了解几种获取信息的途径、方法。喜欢探究与个人兴趣有关的信息，对获取信息的过程感兴趣，能多渠道收集信息；根据需要处理信息（识别、选择、分类、统计等）	
	表达和运用信息：会用多种方法表达、交流、传递信息；尝试利用信息解决自身学习和生活中的问题，有初步的信息责任意识，有良好的参与信息活动的习惯，爱护信息资源，能与他人合作分享	

（三）确立了幼儿科学启蒙教育的实施途径和方式

我园主要将幼儿一日生活中的各个板块有机融合，以丰富的活动为途径，采用"环境—问题—材料—任务—表达"的组织方式实施幼儿科学启蒙教育（见图 6）。

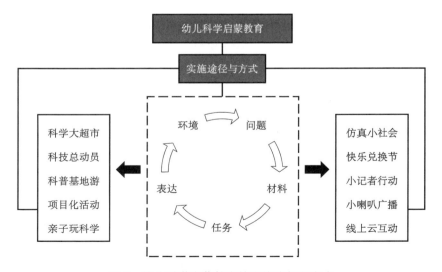

图 6　幼儿科学启蒙教育的实施途径和方式

1. 基于儿童经验创设有助于科学启蒙的环境

创设能够持续引发幼儿好奇心,使其产生问题,继而投入探究活动的环境。主要包括四类:教室、活动室、户外和社区环境。教室环境中有新闻角和自然角;活动室有 STEM 教室、乐高室、玩沙玩水室等;户外环境有"种植角""气象站"等;学校还紧密挖掘各种社区资源、农村资源。

2. 通过问题、材料和任务,促进幼儿自主探究

通过提供自然的、生活化的、低结构的材料,让幼儿在充分与材料展开互动的过程中发现问题、自主探究。当需要解决较难的问题时,教师与儿童一起,基于某个概念、现象、规律或者目的,确定探究内容,设计探究任务并实施探究过程。

3. 搭建平台,让幼儿在表达中提升科学素养

儿童经验在由环境刺激到探索任务的过程中得到拓展,为了能够展示交流孩子们的学习过程和成果,教师时刻收集幼儿探索中表达的"观点""行为""问题""发现"等,搭建了 5 个层级的展示交流平台,包括:班级、年级组、园级、家园社区和线上平台,让幼儿充分展示学习成果。

(四)设计了指向幼儿科学素养的表现性评价

指向幼儿科学素养的表现性评价,需要在任务的设计、优化和实施中,确立并完善评价指标、研制观察量表和评分规则,以达到真实科学地评价幼儿科学素养的效果(见图 7)。

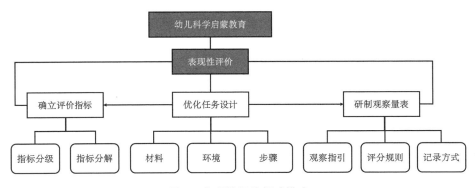

图 7 表现性评价行动模式

1. 形成了幼儿科学素养表现性评价的指标体系

在明确了关注"证明"而非"创造",关注"特色"而非"齐全",关注"过程"而

非"结果"的评价指标基本构建思路的基础上,我们得出了"好奇好问、持续专注、观察感知、思考猜测、信息收集与资源利用、动手拼装、问题解决、表达交流、分类排序、共性与差异、相互关系"这十一条幼儿科学素养表现性评价的一级指标体系,并根据幼儿学段将一级指标分解成三个年龄段相应的二级评价指标(见表3)。

表3 表现性评价指标体系

评价内容	年 龄 段		
	3—4 岁	4—5 岁	5—6 岁
好奇好问	① 对周围很多事物和现象感兴趣。 ② 经常问各种问题,或好奇地摆弄物品。	① 喜欢接触新事物,经常会问一些与新事物有关的问题。 ② 常常动手动脑探索物体和材料,并乐在其中。	① 对自己感兴趣的问题能刨根问底,尝试实践自己的想法。 ② 探索中有所发现时感到兴奋和满足。
持续专注	① 5—10 分钟内保持参与一个活动的兴趣。 ② 在区域或材料间转变不频繁。	① 在 10 分钟以上或适度时间内保持对某一活动的兴趣和探索。 ② 比较专注,较少在区域或材料间进行转变。	① 在 15 分钟及以上较长时间内保持对一个活动的兴趣和主动探索。 ② 对材料或活动非常专注,基本不离开或转变。
观察感知	① 能用不同感官或动作探索物品,发现其明显特征。 ② 能使用简单工具进行观察。	① 能有序地仔细观察、感知事物,获取关于事物性质或用途的简单经验。 ② 能运用多种工具收集更多细节性信息。	① 在观察、比较物体时,能发现物体的细微差别和种类特征。 ② 有顺序、有目的地进行多日观察,逐渐发现事物和现象之间的内在联系或变化规律。 ③ 运用多种工具及仪器提高观察的速度与精度。
思考猜测	① 根据教师引导,尝试对观察结果提出问题。 ② 在成人引导下猜测问题答案。	① 能根据观察结果提出问题,并大胆猜测答案。 ② 根据已经获得的信息、资料进行推断,得出结论。	① 根据观察到的现象,结合已有经验进行合理猜测、解释和推论。 ② 能用一定的方法验证自己的猜测。

评价内容	年　龄　段		
	3—4 岁	4—5 岁	5—6 岁
信息收集与资源利用	① 有目的地使用一项或两项材料。 ② 会模仿他人使用材料。 ③ 能在成人帮助下进行简单的调查。 ④ 对鲜明的信息敏感，并乐意接受此类信息。	① 有目的地组合一些材料。 ② 在观察其他幼儿使用材料的基础上，会添加或变换一种方法。 ③ 能通过简单的调查收集信息。 ④ 与成人（同伴）简单讨论、筛选有价值的信息。	① 探索、组合和比较许多材料，并用复杂的方法使用它们。 ② 在观察他人或自己使用材料后，提出新方法。 ③ 能根据自己的目的，尝试通过媒体、书籍等手段开展信息的收集。 ④ 能用获得的信息和成人（同伴）进行交流。
动手拼装	① 尝试使用简单的工具（胶带、磁铁、放大镜等）。 ② 在成人引导下能看简单的图例，尝试简单拼装、实验等。	① 安全地使用简单的工具（剪刀、螺丝刀等）制作小物品。 ② 能看懂图例，选择合适的材料进行拼装、实验等。	① 正确、适当地使用一些工具（锤子、尺、天平等）和技术辅助。 ② 选择合适的多元材料，按照步骤或设计进行制作、实验、拼装。 ③ 在一次活动中有一定合作、分工。
问题解决	① 在成人的提醒下发现问题。 ② 遇到问题时会用语言或动作向他人寻求帮助。	① 能发现问题，并在解决问题前尝试思考。 ② 根据自己经验能尝试一种或两种方法来解决问题。	① 能发现问题或预判可能存在的困难，并自发地思考和分析问题。 ② 能用多种方式（制定计划、合作、搜集资料等）来解决问题。
表达交流	① 运用语言大胆讲述自己的发现。 ② 能借助已有经验来进行描述，并表达自己想法。	① 运用完整的语言讲述交流自己在观察或调查中的发现。 ② 比较客观地进行直观和简单的解释。 ③ 能用身体动作、图画或其他图符进行记录。	① 能较完整地描述信息、提出问题、提供解释。 ② 能运用手势、动作、表情等表达自己的做法、想法。 ③ 能用图画、数据、图表等符号进行记录。 ④ 在探究中学习与他人合作和交流。

续 表

评价内容	年 龄 段		
	3—4 岁	4—5 岁	5—6 岁
分类排序	① 区分物体形状、大小、高矮长短等。 ② 将物体依照一种特征加以排列。	① 对物体的各种属性（如粗细、厚薄、轻重等）进行比较、分类。 ② 能识别并按照两种以上特征或模式加以排列。	① 能按照事物不同特征（如轻重、宽窄等）进行多重分类、比较。 ② 能理解并将物体按照3 种以上特征或模式加以排序。
共性与差异	① 感受生活中常见事物的相同和不同。 ② 在成人引导下感知事物是会变化的。	① 知道生活中多种事物的共性与不同。 ② 知道一些事物是会发生变化的。	① 理解多种事物具有不同种类，它们的特性存在差异。 ② 知道某些事物、现象是可以被改变的。
相互关系	① 能感知和体验天气对自己生活和活动的影响。 ② 初步了解和体会动植物和人们生活的关系。	① 能在观察或者动手尝试后，发现事物之间简单的关系。 ② 能感知自然变化、周围动植物等与人生活的关系。 ③ 初步感知常用科技产品与自己生活的关系，知道科技产品也有利弊。	① 能发现常见物体的结构与功能的关系。 ② 能探索并发现常见的物理现象产生的条件或影响因素。 ③ 感知并了解季节变化的周期性（如四季轮换），知道变化的顺序。 ④ 初步了解人们生活、动植物习性与自然环境的密切关系，知道珍惜生命，保护环境。

2. 优化了指向幼儿科学素养的表现性评价任务设计

表现性任务是表现性评价的核心要素之一，它是紧扣学习目标而设计的特定作业，旨在引发学生的表现行为，从而收集学生表现的证据，作为评价学生的依据。通过研究，我们在"与目标相匹配、来源于生活且真实有意义和能关注探索过程和结果"这三条任务设计原则的基础上，设计幼儿科学素养表现性评价任务（见表4），为后续的评分量表做准备。

任务单中包括评价内容、任务介绍、所选取指标的判断标准，以及任务实施建议，可供教师取用并指导其实施表现性评价（见图8）。

表 4　表现性任务例举

年 龄 段	任 务 名 称	评 价 内 容
大班	顽皮的小球	观察感知、思考猜测
	找平衡	持续专注
中班	西瓜虫	资源利用、表达交流
	神奇的镜子	观察感知、相互关系
小班	垒高楼	持续专注、思考猜测
	魔法扭扭棒	好奇好问、持续专注

幼儿科学素养评价任务单

幼儿姓名：＿＿**＿＿　　　年龄：＿＿**＿＿

观察者：＿＿**＿＿　　　日期：＿＿**＿＿

一、 评价内容

勾出相应的科学素养

☐好奇好问　☐持续专注　☐观察感知　☐思考猜测　☐资源利用　☐动手拼装

☑问题解决　☐表达交流　☑分类排序　☐共性差异　☐相互关系

二、 任务介绍

（一）评价内容：问题解决，分类排序

（二）评价任务

请幼儿观察现场，发现问题"吸管都掉在地上了"，进而让幼儿把吸管送到相应的盒子中。

教师指导语1：发生什么事？

教师指导语2：请你把吸管送回家。

（一）准备材料

序号	文字说明	照片
1	9种不同的吸管，每种10根 花色：不同色彩、条纹、点状等； 长短：2-3厘米一段（8种）、5-6厘米一段（1种）； 粗细：细吸管8种，粗吸管1种。	

续表

序号	文字说明	照片
2	吸管的"家" 说明：装吸管的九宫盒，大盒子分成9格，每格上面粘贴一种吸管。	
3	1米或2米的地毯或是泡沫垫	

说明：事先把全部吸管随意洒在泡沫垫上。

（四）　任务完成时间：5—15分钟

三、观察指标其判断标准

一级指标	二级指标	幼儿表现		
		发展水平1	发展水平2	发展水平3
问题解决	在成人的提醒下发现问题	在成人提醒2遍或若干遍后知道问题	在成人提醒2遍后知道问题是什么	在成人提醒1遍后马上知道问题是什么
	遇到问题时会用语言或动作向他人寻求帮助	不愿向他人寻求帮助	能用1种方法向他人寻求帮助	能用2种及以上方法向他人寻求帮助
	能根据自己经验去解决问题	把小部分吸管送回"家"	把大部分吸管送回"家"	把所有吸管送回"家"
分类排序	区分物体形状、大小、高矮长短等	没有分类的意识，吸管随意摆放	小部分吸管能正确分类摆放	大部分吸管能正确分类摆放
	将物体依照一种特征加以排列			

四、 实施的建议

可单独进行可多人进行：该任务在实施过程中，可以面向单个幼儿进行，重点观察该幼儿解决问题的过程和分类排序的结果；可以面向多个幼儿进行（建议3人左右，吸管的数量为3倍），既可观察不同幼儿对待问题的态度、解决问题的方式和分类排序的情况，也可观察幼儿之间是否会互相影响或彼此学习等。

图 8　表现性评价任务单

3. 研制了指向幼儿科学素养的表现性评价的观察量表和评分规则

表现性评价的任务设计和实施,是教师评价幼儿科学素养,提供教育支持策略的过程,同时也是评价指标和观察量表不断得到完善的过程。将学生相关的表现通过表现性任务实现"可视化"后,就需要运用评价准则来进行"诠释"和评估。我园对评分规则的开发,是一个自上而下和自下而上相辅相成、共同进行的过程。我们最终明确了有"评价内容",即所要评价的具体指标;有"评价任务",即实施任务的过程和要点,对观察的指引;有"评价结果",即进行描述记录,使用评分规则进行判断的观察量表;有进一步建议,即对幼儿科学素养发展后续的支持策略(见图9)。

幼儿科学素养评价观察量表

幼儿姓名: **　　　　　　年龄: **

观察者: **　　　　　　日期: **

一、 评价内容

勾出相应的科学素养:

☑好奇好问 ☑持续专注 □观察感知 □思考猜测 □资源利用 □动手拼装

□问题解决 □表达交流 □分类排序 □共性差异 □相互关系

二、 评价任务

教师提供两种活动材料:第一,不同大小、颜色、花纹的袜子若干;第二,第三个收纳筐(分别贴着爸爸、妈妈和宝宝的头像)。

任务:今天娃娃家的"妈妈"遇到了一个大问题,她把"爸爸""妈妈"和"宝宝"的袜子放在一起洗了,现在晾干之后袜子都堆在一起乱糟糟的。请帮助"妈妈"把相同的袜子找出来叠好,并且根据袜子的大小放进对应的收纳筐。

三、评价结果

观察指标	描述	判断
对周围很多事物和现象感兴趣	宸宸先看了看桌面上摆放着的各种颜色形状的袜子,然后投入到任务中,开始寻找袜子	宸宸对于全新的整理任务是非常感兴趣的,始终非常投入
经常问各种问题,或好奇地摆弄物品	宸宸在听清任务要求后,先看了一下桌上的袜子,然后从自己身边的袜子开始,用一秒钟找到了相同颜色的一双袜子,并将它按照外形特征有序地叠放起来。最后,他又把袜子送到了收纳筐中。他又回到桌子,寻找下一只袜子进行配对	宸宸在寻找袜子和整理的过程中,能够不断地进行思考,然后迅速地根据已有经验判断袜子的归属。可以看出,宸宸在摆弄物品的过程中始终充满好奇心
5-10分钟内保持参与一个活动的兴趣	宸宸在寻找和整理袜子的过程中,双目始终注视材料,寻找两只相同颜色的袜子,并将其折叠好后归类摆放	宸宸专注力强,在15分钟的任务时间内,宸宸一直保持着高度的集中力,直至任务最后完成

四、进一步的建议

1. 对于专注能力较强、喜欢摆弄材料的孩子来说,可以提供比该任务更复杂,有更多变量的材料,比如更多花色且花色接近的袜子。

图9　表现性评价观察量表

(五)完善了幼儿科学启蒙教育的保障机制

为了让幼儿科学启蒙教育顺利落地,我们从师资、活动和环境三个方面,完善了幼儿科学启蒙教育的保障机制(见图10)。

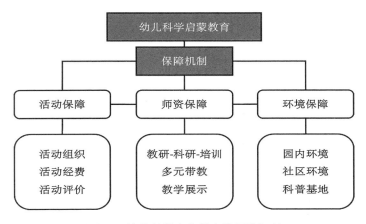

图 10 幼儿科学启蒙教育的保障机制

1. 师资建设保障教师专业素养和科学素养提升

我园建立并完善了与科学启蒙教育相关的教研、科研、培训制度,如"教师培训制度""教学展示制度""联合研训制度""科研联动制度"等,为教师养成较高的专业素养和科学素养提供保障。同时,制定带教计划、提出各级梯队教师攀登方案,促进教师主动发展。另外,在教育集团层面,我园积极派出经验丰富的骨干教师提供带教和柔性流动,让他们在辐射成员校的过程中共同进步成长(见图11)。

图 11 教师培训活动

2. 活动支持保障幼儿科学启蒙教育有序运行

幼儿科学启蒙教育的有序实施,离不开活动组织、经费和评价方面的完善。首先,以园长为科学启蒙教育探索实践的负责人,纳入保教部、科研部、课程部、后勤财务等部门,搭建课程、课题管理等中心小组。其次,通过提供活动中的经费、资源、人员、评价等支持,搭建丰富的、有利于幼儿科学素养发展的活动,如"南幼科技节""项目化活动""科普基地游"等,并保障其有序开展(见图12)。

图 12　幼儿科学教育活动

3. 环境创设和利用保障环境渗透作用凸显

环境是幼儿科学启蒙教育中极为重要的一环。环境的有力渗透,能激发幼儿的好奇心和探究欲望。我园不仅仅注重园内的科学环境创设,如科学探索室、STEM 教室、园内的自然环境等,也充分利用园外的科普基地,不定期筛选、更替,如增加周边新增的绿地、公园、科普场所等。更重要的是,我园不仅关注环境中的材料提供,也关注环境和其他科学启蒙实施途径之间的内在联系,通过及时更新环境、材料应对新学习主题的需要,从而持续地保持环境的渗透作用(见图 13)。

图 13　幼儿科学环境创设

三、效果与反思

（一）整体推动了幼儿科学素养的提升

1. 激发了幼儿参与科学活动的兴趣

随着研究不断深入，幼儿在各类科学活动中的参与度日益提升。我园借助微信公众号长期面向家庭征集幼儿生活中玩的科学小游戏、小故事等，吸引了大量家庭参与设计，累计收到各方投稿 2 000 多份，在集团范围内分享推广，潜移默化地影响着家庭中的科学教育，使近 10 000 名幼儿受益（见图 14）。

图 14　幼儿与家长参与科学活动

2. 提升了幼儿的科学素养

我园幼儿积极参与各级各类科技竞赛、创新展示等活动，累计参与人次达 1 000 多人，获奖励 100 余次，在全国少儿环保创意大赛中有 10 名幼儿获奖，市级奖项 40 余项，获优秀组织奖 10 余次（见图 15）。

（二）有效促进了教师综合能力的发展

1. 科学教育研究能力的提升

教师运用科学启蒙教育研究成果在上海托幼、上海教育研究等期刊杂志上发表论文与案例 100 多篇，3 篇获中国学前教育研究会论文一等奖，50 余篇获区级以上奖项，曾刊发封面《"CHW"幼儿园发展共同体教师》《当代教育家》等杂志专辑。

2. 科学教育教学能力的提升

教师在各类各级教育教学评比中斩获 200 余项奖项与荣誉，3 名教师在全国幼儿园优秀教育活动和全国幼儿园信息技术应用活动评选中分获一、二等奖，

图 15 幼儿各类科创活动参赛作品及获奖情况

6 名教师在上海市自制玩教具、幼儿游戏设计比赛中获奖,2 名教师获上海市教学评比一等奖,6 名教师获上海市园丁奖,1 名教师获上海市"四有"好教师称号、上海市先进宣传典型(见图 16)。

图 16 教师教育教学获奖情况

教师教学理念的转变和科学素养的提升,带动了教师专业素养的整体发展。有 20 名教师晋升为区域骨干教师,9 名教师获评高级教师职称,为区域内幼儿园培养输出了 7 名园长。

（三）幼儿科学启蒙教育特色进一步深化

随着研究成果的逐步积累,南幼的科学启蒙教育实践模式在全国多地得到广泛推广应用,产生了一定影响。

1. 研究成果所获奖项颇丰

研究立项 4 个市级课题,分别由上海三联书店、上海远东出版社、上海少年儿童出版社出版 4 本专著,部分成果获第五届全国教育科学研究成果三等奖、上海市第十一届教育科学研究成果一等奖、上海市第九届教育科学成果三等奖、上海市第七届学校教育科研成果二等奖,4 次获浦东新区教育科研成果奖,得到华东师范大学课程与教学研究所专家的充分肯定（见图 17）。

图 17 出版著作与获奖情况

2. 面向全国开展交流辐射

课题组教师先后在中国幼儿园园长大会等各级会议上分享经验 10 余次,赴

6 个国家参与国际会议交流经验。通过建立托管机制、民间组织、教育集团等，开展各级各类公开教学展示、讲座、论坛等 200 余次，带动区域内 20 多所幼儿园的发展，辐射全国 20 多个省市的教师、园长，部分培训活动入选了国家级培训计划远程培训案例式课程，培训总人数超过 5 万人。

3. 借助多种媒体扩大影响

通过微信公众号发布幼儿科学活动信息、提供教育指导，年阅读量已超 20 万次，实时订阅用户数超 6 000 人，累计点击量超 100 万次。文汇报、浦东时报等纸质媒体，"澎湃新闻""第一教育""上海教育"等网络媒体推介了研究成果和实践成效，阅读量超 10 万。"南幼科技节"等活动受到了上海新闻综合频道、浦东电视台等节目的报道（见图 18）。

图 18　文汇报等报道情况

4. 立足研究带动整体发展

对幼儿科学启蒙教育的深入研究带动了幼儿园的整体发展，研究负责人被评为全国模范教师、上海市特级园长，幼儿园先后被评为联合国教科文组织（EPD）项目实验学校、国家科学教育"十五"规划子课题幼儿基础思维能力及其培养模式研究实验基地、上海市教育科研先进集体、上海学前教育网"创新应用先进集体"、上海市 500 强智能型班组典型示范、上海市优秀教师专业发展学校等。

中草药探究：指向学生创新素养培育的小学跨界学习实践研究[①]

娄华英　夏伟婕　陆燕华　张英臂　蔡巍巍　杨　峥

创新，在词典中的解释是抛开旧的，创造新的。在教育实践中，创新素养是指学生应具备的，在面对新的问题和困难，或者在环境的适应与变革中所具有的积极态度与思考、应对与创造性、高效解决问题的品质和能力。

随着社会的发展，在科学技术和全球经济迅猛发展的今天，培养大批创新型人才已经成为世界许多国家教育的核心目标之一。这里的"创新型"人才，指的是具有创新人格、创新思维和创新实践能力的人才。[②] 这意味着，作为教师，除了"传道授业解惑"，更应高度重视开发学生的创新潜能，提升学生的创新素养。

一、问题的提出

核心问题：如何通过跨界学习来变革学习方式培育创新素养？

在小学教育阶段，作为教育者，应尽可能保护每一个学生的好奇心和求知欲，并鼓励学生独立思考，努力探索，自信表达；创设开放、多元的学习环境，满足学生的个性化需求，引导学生逐步养成科学思维的习惯，学习用科学的态度和方法观察问题、提出问题、分析问题、设计方案、解决问题，让创新的种子生根发芽，让学生能够在未来从事的工作领域中成长、开花、结果。

---

① 本教学成果获得 2021 年上海市优秀教学成果奖一等奖。
② 徐波.工科机械类专业创新型人才的培养［J］.河南科技学院学报（社会科学版），2010.

但是创新素养培育并非一蹴而就,也不能流于空谈,需要在日常的学校课程、课堂教学中,通过教学理念、方式、策略的整体变革,对学生进行长期的滋养来实现创新素养的形成和提升。在小学阶段,怎样的变革路径才是合适且可行的?"跨学科学习"映入了我们的眼帘。

2019 年,我们决定开发"四季本草 TANG"中草药课程,以跨学科的"四季本草 TANG"中草药课程为载体,使学生的创新素养在课程的实施过程中得以提升。"四季本草 TANG"中的 TANG 具有四个方面的基本内涵,分别表征这一特色化课程的内涵、路径、场域和价值导向。具体而言,"TANG"一是指中医学中的"汤"药,二是表示中草药学习场馆的"堂",三是代表学校坐落的"唐"镇,四是表示给学生带来快乐的"糖"。

"四季本草 TANG"中草药课程建设的目标是遵循"立德树人"的教育根本任务,着眼学生德智体美劳全面发展和核心素的培育,通过校内外资源的整合,建构"四季本草 TANG"特色课程,完善和丰富学校的"五育融合"的课程体系和育人载体,打造学校的课程特色,提升学校总体课程领导力水平,推动中华传统文化在学校中的传承与创新。

二、成果的主要内容

本项目围绕学生创新素养的培育,以跨学科学习理论为引领,以"四季本草 TANG"中草药课程建设为抓手,建构了支撑学生创新素养培养的学习系统,推动了课程建设、教学创新、人才培养和教师发展的系统变革。

(一)"四季本草 TANG"中草药课程内容的整合

2019 年起,本着从学生的生活出发,贴近学生实际,促进学生个性发展与素质全面提升的课程理念,学校开发了以中医药为主题内容的特色校本课程"四季本草 TANG",形成了横向涵盖六大学习领域(社会与品行、语言与人文、数学与思维、科学与技术、艺术与审美、体育与健身),纵向不同年级由浅至深不同学习目标设计的"四季本草 TANG"中草药课程体系。

(二)"四季本草 TANG"中草药课程体系的创新

以上课程经历了一年实践,也逐渐暴露出了一些不足:孩子们的中草药知识是增多了,但是这些知识往往是"碎片化"接收;教师多致力于教材内容的传授,相对少了一些关注学生创新意识、创新能力的培育。针对这些问题,学校开展以"创新素养培育"为目标的课程转型探索。

1. 课程理念与培育目标的转型

根据教育部发布的"学生发展核心素养"框架和浦东新区创新素养培育项目确立的创新素养三个维度(见表1),并结合"四季本草 TANG"中草药课程学习内容特点,建立了"四季本草 TANG"中草药课程的九大要素;课程理念旨在引导学生在以中草药相关内容为载体的活动中,在真实的生活环境中开展研究,解决问题,发展自己的个性和施展自己的才能。鼓励学生敢于质疑,勇于实践,勇于创新,追求卓越,逐步提升创新素养。

表 1 "四季本草 TANG"中草药课程创新素养培育九大要素及具体描述

一级指标	二级指标	指 标 描 述
创新人格	自信心	包括对自己本身的自信,以及对自己所具有能力的自信
	好奇心	对周边事物和自然现象自觉观察,发现和提出生活和学习中的问题
创新思维	发散思维	对同一个问题探索出多种不同的解决方案
	聚合思维	围绕问题,运用相关的知识经验,方法技能,找到最为合理的答案或解决问题的方法
	批判思维	从不同角度独立思考,分析问题,提出有理有据的判断或质疑
实践能力	预测假设	围绕问题,提出自己的想法和猜测,并做初步的判断
	设计方案	了解设计研究方案的基本要素,在指导下能设计简单的研究方案,初步建立控制变量意识,能在指导下设计简单的研究方法和步骤
	动手操作	掌握简单的科学操作方法,开展规范的实践操作
	团队合作	和同伴组成团队共同完成探究任务,做到和睦相处,初步形成合作互助意识

对标"四季本草 TANG"中草药课程的创新素养培育九大要素,项目组老师共同商讨厘定了"四季本草 TANG"中草药课程的培育目标。

课程培育目标：

1. 通过了解常见中草药的名称、形态特征、功效用途等知识，满足与呵护对未知事物的好奇心与求知欲。

2. 通过开展中草药小制作活动，提高动手操作能力，并能结合实际灵活、有效迁移，设计与制作自己满意的作品，提升思维的发散性。

3. 通过从科学的角度解析、研究中草药特性药效，提高研究方案的设计与实施能力，学会批判性地认识事物，独立、理性地思考问题。

4. 通过运用中草药知识和技能解决现实问题，提升学校、家庭、社区生活品质的活动，学会通过预测假设和科学验证去进一步了解事物，培育敢于承担，乐于挑战的自信，养成主动关心帮助他人，参与社会生活的意识。

5. 通过小组合作探究活动，提高团队合作能力，学会运用各学科知识经验综合认识事物，尊重自然，热爱生命，科学对待人与自然间的关系，自觉传承、发扬中医文化。

2. 课程内容与架构的转型

形成以跨学科学习为主要特色的课程体系与教学方式，引导学生综合运用各种知识和能力去探索，关注知识的现实情境，最终指向创新素养的发展和提升。基于对学生需求的调研，构建了"四季本草 TANG"中草药课程体系：一至五年级设置"春草""夏花""秋实""冬制"四大板块中草药课程，每条年级课程包含4个创新研究项目，每个项目主题都是中草药知识技能与生活实际的链接（见图1）。

3. 学生评价方式的转型

根据以上要素与课程内容，设置具体的评价项目，并设计评价内容量表，设定了分等第的表现水平标准，采用综合性、描述性的评价方式，开展生生、师生等多元主体的评价，与课程实施相互配合，形成创新素养评价体系（见表2）。

（三）"四季本草 TANG"中草药课程资源的开发

1. 开发家长资源

学校拥有大量的具有中医药、生物等专业背景的家长成员，学校聘请这些家长为"校外专家"，请他们参与课程的管理、开发、考核评价等工作，并形成有效机制，让家长也可以对学校课程的开发和实施进行深入研究和理论指导。

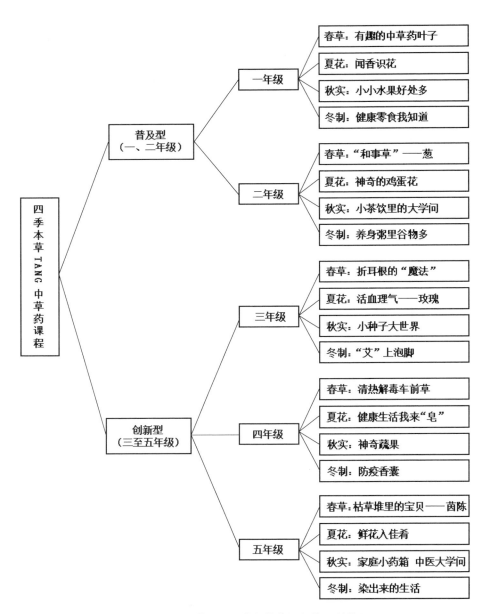

图1 "四季本草TANG"中草药课程体系结构图

表2 "四季本草TANG"课程创新素养培育指标分等第
表现水平标准(以自信心为例)

指 标	细 分	具体表现水平描述
自信心	自信表达	A. 敢于面向众人,面向师长表达自己的独特想法或做法 B. 愿意在自己亲近的同学、朋友、家人当中表达不同于众人的想法或做法 C. 有自己的独特想法或做法,但不愿和他人表达交流 D. 发现自己的想法或做法和别人不同,就有紧张、犯错的感觉
	自我认同	A. 能够理智看待并接受自己的优势和劣势,敢于挑战有困难的任务,相信自己有能力做好 B. 能意识到自己的优势和劣势,面对有困难的任务愿意尝试,但不确定是否能做好 C. 能意识到自己的优势和劣势,只愿意完成难度不高的任务 D. 认为自己一无是处,什么任务都难以完成

2. 开发社会资源

学校是社区的一个分子,而社区对于学校教育就是一个巨大的社会资源储存库,可以源源不断地输入有效资源服务于学校教育。学校与社区内的教育单位,如中医药大学、中医药博物馆等签订共建协议,并与孙桥农业园区、少科站等社会实践基地发展良好的合作关系,使这些场所在教师培训、学生实践等方面提供有力支持;同时,也与众多生物医药行业的企业公司进行交流,以"请进来"和"走出去"两种方式带领学生参观、实践、探究,建立了丰富的社区资源宝库。

3. 开发自身资源

作为"花园单位",唐镇小学校园内本就有100多种花卉植物,其中有很多都是供学生进行中草药探究的对象。此外,学校还针对"四季本草TANG"中草药课程的需求对校园环境进行合理的开发,有针对性地种植多种中草药植物,开辟户外"中草药圃"与室内"中草药小温室"这样的配套资源。

而"四季本草TANG"中草药课程专用教室"糖本草堂",则以课程为抓手,为学生提供丰富有趣的多媒体和实物资源。"糖本草堂"创设以上具有一定专业性和实用性的实践探究平台,通过教师培训、长周期探究、兴趣社团实践活动、参观咨询、专题活动等多种途径,为师生提供更专业、更规范的探究空间,成为教师教学改进的助力,成为学生探究实践的乐园。

(四)"四季本草 TANG"中草药课程跨学科学习的设计

跨学科学习设计类似拼图设计,把相关学习要素打散为拼图配件,以真实的情境为底板,引导学生完成学习项目,这体现了低结构设计特征。[①]

1. 梳理学习项目,明晰培育目标

在开始项目活动设计时,我们主张从"学生预期达成的学习结果",即培育目标出发,从主题、能力、学科三个角度提出问题,即学生将在哪些方面进行探索;通过学习,学生的哪些能力将被培育;通过学习,学生将学到哪些知识。

2. 结合培育目标,做好项目设计

培育目标结合项目内容和学生年龄特征才能梳理清晰学生在学习项目中应有的目标表现。教师可根据不同类型的项目内容和任务,设计具体活动方案。在四年级"夏花"板块项目活动"健康生活我来'皂'"中,学生从"疫情给人们的生活带来最大的改变是什么"这一社会现象的探讨中达成共识,认为疫情给人们的生活带来的最大改变是戴口罩和勤洗手,并通过头脑风暴提炼项目主题"制作一块自己设计的中草药手工皂"进行项目研究。

教师将项目分成 8 个具体任务。任务 1:通过情境,提出问题,通过头脑风暴确定探究题目,成立探究小组。任务 2:明确调研目的,选取合适的检索工具;合理分工、分组交流讨论,采取上网检索的方式收集数据;整理调查结果,撰写调研报告。任务 3:通过调研报告,先独自设计产品制作方案,选取自己认为合适的制皂方法;小组讨论交流设计方案,修改汇总后形成组内设计方案。任务 4:利用所准备的材料,依据设计方案,小组协作完成中草药手工皂制作;发现设计方案中的问题,记录、思考、讨论解决方法,修改完善设计方案。任务 5:能利用所准备的材料,依据修改完善的设计方案,小组协作再次完成中草药手工皂制作。任务 6:反馈与展示手工皂制作记录表,培养表达交流的能力。任务 7:学会有条理性地整理、收集、汇总探究过程中的各类资料;进行结束阶段评价,通过小组内自我评价和小组间相互评价,多种评价方式的相互糅合,学会多层次与多角度地认识和评价事物。任务 8:回顾探究活动的过程

---

① 方凌雁.高中跨学科实践学习视域下的项目设计与实施[J].教学与管理(中学版),2021.

和成果,发表感悟。

3. 设计全程评价,回应培育目标

明确了评价目标之后,教师就应该设想"我用什么样的检测工具可以检测学生目标达成的程度",可以通过观察、提问、交流、练习、测试、任务、项目、作品等方式了解学生已经学习到了什么,离预设的目标还有多远,以便自己做出基于证据的教学决策。

我们还应注意任务设计与目标之间的一致性,评价学生是否把握学习目标,需要从多种来源收集学生学习的证据或表现。课堂提问、交流、观察、任务驱动、作品制作等是中草药课堂中检测目标达成的常用工具之一(见表3)。

表3 评价目标对应的检测工具

评 价 目 标	检测工具、方法
1. 知道市场上香皂的种类	口头回答
2. 知道制皂方法	任务驱动
3. 设计一款中草药手工皂(设计稿)	任务驱动
4. 能完成一块中草药手工皂的制作	作品制作

4. 长周期作业,激发创新思维

减轻学业负担的同时也要提高学习效率。那么,如何既做到"减负"又要做到"增效"呢? 作业设计是一个很值得我们关注的问题。在我校中草药课程"四季本草 TANG"中,教师设计了许多与探究活动相匹配的长周期作业。长周期作业是指建立在大跨度时间基础上,需要学生经历一段时间(一周、一月甚至更长的时间),去完成一个主题任务的"长作业"。中草药课程中的长周期作业的主题应从探究主题内容出发,才能真正凸显作业的思维价值,使它可以开阔学生学习视野,启迪思维,成为促进学生全面成长的有力载体。

(五)"四季本草 TANG"中草药课程学习空间的开发

为了进一步促使课程深化发展,拓宽学生学习渠道,学校建设了"一堂一园一屋"——糖本草堂、室外草药园与室内草药屋。糖本草堂主要分成四大主题区域,包括了:历史文化区、互动认知区、操作实践区、草药培植区,大大拓宽学生的研究视野与探索渠道;草药园为室外种植园地,以中草药香料植物种植为特色,由学生管理养护植物,并将收获的药草用于课程中有关香包制作的项目,成为学生课内外实践的基地;草药屋包括了土培探究系统、沙培探究系统、水培种植系统、垂直生态架、学生操作台等。这些学习空间,既可以满足学生探究性学习的需要,也能培养学生主动参与、乐于科学探究、勤于动手操作的习惯,以及科学探究能力和敢于创新的探索精神。

(六)"四季本草 TANG"中草药课程评价体系的形成

1. 项目学习评价

以学生为评价对象,以激励性、实践性、多元化为评价原则,遵循以下几个要点进行设计与实施。

(1)设置九大要素的表现水平标准及描述指标(见表 4、表 5),供教师设计评价时参考。

表 4　学生评价表现水平标准

一级指标	二级指标	表现水平标准	表　现　描　述
创新人格	自信心	优秀	敢于面向众人,面向师长表达自己的独特想法或做法;敢于挑战有困难的任务,相信自己有能力做好
		良好	有自己的独特想法或做法,但不愿和他人表达交流;面对有困难的任务愿意尝试,但不确定是否能做好
		一般	发现自己的想法或做法和别人不同,就有紧张、犯错的感觉;认为自己一无是处,什么任务都难以完成
	好奇心	优秀	对周边事物和自然现象有敏锐的观察力,在生活和学习中能主动发现问题,提出问题
		良好	在教师引导下能观察周边事物和自然现象,较少主动发现和提出问题
		一般	很少观察周围的事物和自然,难以主动发现和提出问题

续 表

一级指标	二级指标	表现水平标准	表 现 描 述
创新思维	发散思维	优秀	经常能在短时间内能够对问题探索出许多可能的解决方案,常有创造性想法
		良好	能对一个问题提出不同的解决方案,在教师引导下有一些创造性的想法
		一般	做事以模仿为主,很少有创造性的想法
	聚合思维	优秀	能围绕问题,迅速整合相关的学科知识、实践技能,找到解决问题的方法
		良好	能意识到解决某些问题需要结合多方面的知识技能,在教师指导下能从不同角度、不同层次寻找解决问题的方案
		一般	遇到问题只能进行单一角度的思考
	批判思维	优秀	对已有的信息不盲从,通过对事实的识别、辨析、研判,做出理性的,基于证据的判断或质疑
		良好	对不同的意见能够持宽容态度,不轻易下对错判断,并能在教师指导下进行辨析,找到值得商榷和反思之处
		一般	喜欢对事物的对错下简单定义,不愿意反思和辨析
实践能力	预测假设	优秀	能围绕问题,提出自己合理的想法和猜测,并能做初步的判断
		良好	能围绕问题,提出自己的想法和猜测,并做初步判断
		一般	基本能围绕问题提出自己的想法和猜测
	设计方案	优秀	能自主设计简单的研究方法、研究步骤,形成简单的研究方案,方案中能体现出控制变量的意识
		良好	在教师指导下能设计简单的研究方法、研究步骤,形成简单的研究方案,建立一定的控制变量意识
		一般	基本能设计出简单的研究方法和步骤,形成基本的研究方案,缺乏控制变量意识

续　表

一级指标	二级指标	表现水平标准	表现描述
实践能力	动手操作	优秀	能初步掌握简单的科学操作方法,并付诸实践,进行规范的实践操作
		良好	能初步学会简单的科学操作方法,并在指导下付诸实践,进行较为规范的实践操作
		一般	基本能初步学会简单的科学操作方法,实践操作缺乏基本规范
	团队合作	优秀	能与团队成员和睦相处,在指导下合理分工,认真做好自己的工作,与同伴协作完成任务,有较强的互助意识
		良好	能在指导下做好团队分配的工作,与同伴协作完成任务,具有一定的互助意识
		一般	基本能完成团队分配的工作,与同伴共同协作完成任务,初步具备互助意识

表 5　"四季本草 TANG"中草药课程创新素养培育分布表

主　题			创 新 素 养								
			自信心	好奇心	发散思维	聚合思维	批判思维	预测假设	设计方案	动手操作	团队合作
一年级	春草	有趣的中草药叶子	√	√	√	√				√	√
	夏花	闻香识花	√	√						√	√
	秋实	小小水果好处多	√	√		√	√			√	√
	冬制	"健康零食"我知道	√			√	√			√	√
二年级	春草	"和事草"——葱	√	√		√				√	√
	夏花	神奇的鸡蛋花	√	√						√	√
	秋实	小茶饮里的大学问	√	√	√	√	√			√	√
	冬制	养生粥里谷物多	√	√	√					√	√

续 表

主 题			创 新 素 养								
			自信心	好奇心	发散思维	聚合思维	批判思维	预测假设	设计方案	动手操作	团队合作
三年级	春草	折耳根的"魔法"	√	√		√			√	√	√
	夏花	活血理气——玫瑰	√	√		√		√	√	√	√
	秋实	小种子大世界	√	√	√		√		√	√	√
	冬制	"艾"上泡脚	√	√		√			√	√	√
四年级	春草	清热解毒车前草	√	√		√		√	√	√	√
	夏花	健康生活我来"皂"	√	√		√			√	√	√
	秋实	神奇蔬果	√	√	√	√			√	√	√
	冬制	防疫香囊	√	√		√		√	√	√	√
五年级	春草	枯草堆里的宝贝——茵陈	√	√	√	√	√		√	√	√
	夏花	鲜花入佳肴	√	√	√	√			√	√	√
	秋实	家庭小药箱 中医大学问	√	√	√	√	√		√	√	√
	冬制	染出来的生活	√	√	√	√		√	√	√	√

（2）评价方式：指标进行细化描述后，渗透到课堂教学中，和学生外显性的表现结合，遵循"激励性、过程性、多元性"三个特点，进行评价的设计与实践。

a. 与课堂教学的学习目标、活动环节相结合，设计评价内容。

b. 借用项目化学习的方式，全程评价。

（3）评价成果转化：评价以"四季本草 TANG"中草药课程静态展示、期末总结、中医药小讲堂等形式为载体，鼓励学生主动探究、勇于表达。评价和上海市中小学生暑假户外体验活动、上海市儿童青少年"寻找身边的中医药"等相关的市区级活动、比赛相互衔接，在项目学习中表现突出的学生，优先推荐参加。

2. 教师评价

在教师评价层面,进行"过程+成果"综合评定。一方面,各年级定期以微信公众号发布形式,展示活动过程、师生收获;另一方面,学期末以展板、交流汇报、学生答辩等多种形式展现课堂教学成效,并邀请专家、学生、家长共同参与评审,多元全面地评价教师的教学实效。对评价结果进行综合分析,明确长处和不足,为后续培训与研讨提供方向。

3. 课程评价

采用"问卷+访谈"结合形式,面向学生进行调研。于每学期期末时开展"问卷+访谈"调研,了解学生在项目活动中的表现状态,投入程度,对各学习项目的感受和评价。对调研结果进行统计分析,作为课程后续改进的重要依据。

(七)"四季本草 TANG"中草药课程运行机制的建构

为了把课程转型过程中一些行之有效的做法稳定下来,助推课程可持续发展,有步骤、有方法地逐步推行创新素养的培育,学校在项目的开发、过程管理、课程评价和项目保障等方面初步形成了 4 大类、15 个较为稳定的运行机制,为指向学生创新素养的跨界学习和课程实施提供了完整的保障(见图2)。

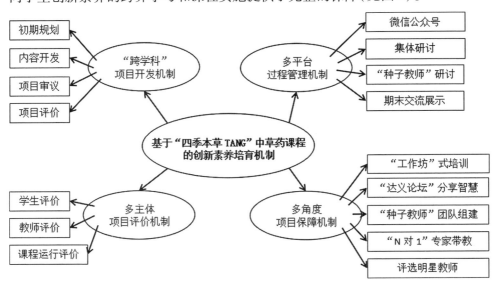

图2 "四季本草 TANG"中草药课程运行机制图

三、成效与反思

指向学生创新素养培育的跨学科"四季本草TANG"中草药课程的研究在实践之中取得了多个维度的积极成效,主要表现在:

(一)提升了学生的创新素养

学生的成长和发展,是项目研究最直接的作用领域。多年的实践,我们能够感受到学生多个维度的可喜变化:学生的探究意识、创新素养明显提升。从学校学习实践活动接受者、参与者,转变为策划者、领衔者、实践者。如,定期开讲的"四季本草TANG中草药小讲坛",作为一大交流展示平台,邀请在中草药课程中有突出表现的孩子,为全校师生开设小讲座,分享收获与成果,至今已在学校公众号"小糖果爱科学"中展示了20余期。课程中培育的创新人格、创新思维、实践能力,还迁移到了其他领域、学科。近几年间,课程覆盖的学校有200余人次参加市、区级青少年创新大赛、市中小学生暑假户外体验活动、市儿童青少年"寻找身边的中医药"活动等,100余人次获得市区级各类奖项。

(二)促进了学校教师的专业成长

在持续研究中,我们始终坚持依靠教师,把研究的过程真正转化为教师专业成长的过程。围绕课程的开发与实施,教师们撰写论文、案例60余篇,其中《小学语文学科开展项目化学习的实践探索——以"阳台文化"项目为例》《探究型课程"学习任务单"的设计与实践——以"健康生活我来'皂'"为例》等论文在《当代教育家》上发表。我校教师更是凭借着"四季本草TANG"中草药课程获得上海市中青年教师教学评比(研究型课程)二等奖,区特等奖的好成绩。另外,由我校三位青年教师录制的中草药微课《和事草——葱》《端午香囊》《五音疗疾》分别在学习强国和浦东德育公众号上播放,获得了许多好评。

(三)形成了学校发展的特色品牌

项目研究促进了学校的内涵发展,形成了学校的特色品牌。近年来,先后形成了"四季本草TANG"中草药课程系列活动方案,以及与上海教育出版社及上海科学技术出版社联袂出版的青少年中医药读本《居家拾贝》等物化成果。课程先后被学习强国、浦东德育、上海教育及多家网络媒体进行报道。研究入选上海市课程领导力项目,并多次在市区级层面展示交流。多所学校来校进行交流学习,并借鉴学校在课程建设、教学改革中的经验。

高中数学拔尖创新人才培养的实践研究[①]

刘初喜　唐立华　王　平　蔡东山　张成鹏　戴中元

一直以来，华东师范大学第二附属中学数学组教师都认为，示范性高级中学数学教育既要注重"面向全体"，全面提高学生的数学核心素养；也要注重对数学拔尖学生的培养，"因材施教"为高校输送高素质优秀数学拔尖人才。数学组从1991 年开始探索基于学科竞赛的高中数学拔尖创新人才，逐步形成一套科学、有效的人才培养模式。

一、问题的提出

（一）主要动因

根据国家战略发展需要提出的解决科学技术上"卡脖子"问题的拔尖人才，针对高中数学拔尖创新人才中存在的"发现不精准、培养不科学"等问题，我们历经三十年、经历两个阶段，围绕选拔数学拔尖人才、建立协作竞争"共生圈"、创新科学培养模式、建设高效评价体系，展开了系统科学的实践研究。

（二）研究问题

基于国家对基础学科人才尤其是拔尖人才培养的高度重视，针对数学学科素养在拔尖学生个性发展中的重要性，主要解决了 3 个主要问题：如何构建高中数学拔尖人才科学的选拔方案与培养模式？如何配套合理的课程体系与评价体系？如何配备一流的师资来培养数学拔尖人才？

[①] 本教学成果获得 2021 年上海市优秀教学成果奖一等奖。

二、成果的主要内容

数学组经过 30 多年的探索与实践,逐步形成一套规范化、效果好、可辐射、可持续发展的系统性的高中数学创新拔尖人才培养的模式。

(一)不忘初心,形成特色,服务国家战略

科教兴国,国家对于基础学科人才,尤其是拔尖人才的培养历来给予高度重视。

1993—2009 年我校受上海市教委委托承办上海市理科实验班。1994—2007 年我校受教育部委托承办全国理科实验班。这两个班的初心都是:① 探索高中阶段理科拔尖创新人才的培养机制。② 创造条件,培养资优学生成长为国家基础学科的拔尖创新人才。在国家与上海市的指导下,华东师范大学第二附属中学逐渐形成了以理科为特长的特色学校,开始为国家培养拔尖创新人才,并得到国家、社会、高校的高度认可。

2005 年 7 月,已在病床上的钱学森先生感慨说:"为什么我们的学校总是培养不出杰出的人才?""钱学森之问"引起教育界对我国高校人才培养模式的普遍反思,同时也引起华东师范大学第二附属中学的老师们对于高中阶段拔尖人才培养模式的再探索和再实践。学校于 2008 年开设科技创新实验班,进一步培养拔尖学生的创新素养、数学素养和解决问题的能力。

2011 年,学校随着国家课程改革与大学自主招生改革的深入推进,创建卓越学院,在原理科实验班的基础上试点创立基础科学实验班和理科综合实验班。基础科学实验班和理科综合实验班淡化班级年级概念,强化个性化培育,实行按学科知识领域板块及学生能力基础的双向全面选修制度,使学生在基础学科课程领域享有高度的课程选择权。实验班整合学校优秀师资与课程,加强与清华、北大、复旦、交大等高校的合作培养,推动"双一流"高校在我校设立联合培养基地,试行"学分制"和"多导师制",使学生在高校在选拔人才时保持充分优势。

(二)高中数学拔尖创新人才的选拔与培养

1. 高中数学拔尖创新人才的选拔

高中数学拔尖创新人才是对一个学生数学素质的全面概括,它主要表现在:① 具有对数学知识强大的求知欲和浓厚的学习兴趣,不满足于课内知识,具备扎实的基本功和良好的反应能力。② 具有较强的逻辑思维能力,思维水平具有深刻性、广泛性和灵活性。③ 具有较强的应用能力,能应用所学数学知识解决实际生活中遇到的问题,并促进其他相关学科的学习。④ 具有较好的数学素养,即了解一定的数学文化背景,不仅了解数学自身的思维方法、结构和应用,同时对数学的发展、作用和价值有所了解,能够去发现和欣赏数学的美。⑤ 能够解决一些高难度的数学问题,积极参加数学学科竞赛并取得良好的成绩。学校会开设两个理科实验班来培养高中数学拔尖创新人才,对两个理科实验班学生的选拔主要通过数学综合素养的考查、数学特长与能力测试、学生兴趣与爱好的面试。

2. 运用"共生效应",建立一个协作、竞争的学习"共生圈"

自然界中存在着"共生效应":当一株植物单独生长时,显得矮小,而与众多同类植物一起生长时,则根深叶茂,生机盎然。资优生培养上可参考"共生效应"所带来的启发,培养一个资优学生群体,形成优生优培的良好氛围,形成群英荟萃的精英班或实验班,形成比学赶超、群雄逐鹿的氛围。实践证明,"单苗培植",拼命抓某个学生的方法难以奏效,"水涨船高",在大面积的"高产田"里方能培植出好苗子。

学校高中分三个年级,每个年级有一个理科综合实验班(46 人左右),一个基础科学班(46 人左右),一个科技创新实验班(46 人左右)。学生自愿申请参加,学校集中选拔,学科教师面试确定。科技创新实验班主要由热爱课题研究的学生组成。这三个班级由学校选拔资深教师任教,学生物理、化学双选,是名副其实的培养拔尖人才的班级。

经过 30 多年的探索与实践发现,高中数学拔尖学生要早发现、早培养。集中培养为学生创造一个良好的"共生圈"是一个非常有效的选择。

3. 创设适当宽松的学习环境,培养学生的自主学习意识和自学能力

在三个特色班教学中,有些学生喜欢提问、猜想、直接给出答案,作为老师首先要给予充分的尊重与倾听,接着展开讨论分析,各抒己见。通过营造学生畅所欲言,师生密切配合的学生环境,让学生成为真正的学习主体。

"给学生一点时间,让他们自己去安排;给学生一个问题,让他们自己去讨论;给学生一个课题,让他们自己去创造;给学生一个机会,让他们自己去把握。"这是我校在培养高中数学拔尖学生方面提倡的几点做法,取得了很好的效果,它

遵循当今先进的自主学习的规律。培养学生的自主学习意识,就是通过学生的主观努力,能够有所收获,有所成就,从而有更多的获得感,进而培养起学科兴趣。成就感越大,自主学习的意识就越强,这是数学资优学生成长的规律。

4. 引导数学资优学生参加学科竞赛,培养学生的思维创新能力

2017 年教育部制定的《普通高中数学课程标准》中指出,数学核心素养是学生在接受相应学段的教育过程中,逐步形成的适应个人终身发展和社会发展需要的数学思维品质与关键能力。

数学核心素养包括数学抽象、逻辑推理、数学建模、直观想象、数学运算、数据分析。这六个方面在数学学科竞赛中都得到充分体现,高中数学拔尖创新人才也要学会用数学的眼光观察世界,用数学的思维分析世界,用数学的语言表达现实世界,要积极参与数学竞赛,提升自己的数学能力、数学思维、数学创新、数学创造、数学素养。

5. 加强数学学科德育建设,增强学生对国家、民族的荣誉感

德育为先,数学学科德育在人才培养中也是十分重要的。

一方面,我们将数学教材作为融知识传授、能力培养和思想品德教育于一体的综合性载体,深入挖掘其中的德育因素,促进对学生的数学学科德育教育。根据教材内容适时向学生介绍我国古今数学领域的杰出成就和数学家的事迹,可培养学生的民族自尊心和自豪感,增强学生爱国情怀和民族认同感。

另一方面,积极组织学生参访革命遗址、历史博物馆等。引导学生热爱国家,热爱人民,热爱党,培育学生的社会主义核心价值观与社会责任感,引领学生成为"五育并举"的时代新人。

2005 年国际数学奥林匹克金牌获得者刁晗生 2019 年从美国回到清华大学任教。2018 年"拉玛努金"奖获得者刘一峰从美国回到浙江大学大学任教。2021 年学校有 5 位学生入选"丘成桐数学学科领军人才培养计划"。这些优秀的示例可以激发一代又一代热爱数学的拔尖学生把数学研究当作自己人生的价值落点,立志为中华民族的伟大复兴贡献自己的智慧和力量。

(三)高中数学拔尖创新人才的个性化课程建设

30 年来,数学组一直为高中阶段数学拔尖创新人才的养成而进行着积极的探索与实践,形成了系统的个性化课程体系:基础型课程、拓展型课程、研究型课

程、集训型课程。

打好坚实的数学基础是培养高中阶段数学拔尖创新人才的第一步,我校数学组在立足数学基础课堂的同时开发了《数学校本教材》。为了提升拔尖创新人才的数学素养、创新思维、创新意识、创新能力等,数学组每周开设连续的 3 节拓展型课程并开发了《理科班教材》《科技班与理科班教材》。发现问题、分析与解决问题的能力也是高中数学拔尖人才必备的素养,数学组每周开设连续的 3 节研究型课程,指导学生完成一个完整的研究过程并撰写数学小论文。高中阶段数学拔尖创新人才的思维发展是一个循序渐进、螺旋上升的过程,最终需要一个集中训练培养。为此,数学组每个暑假、寒假都会开设集训课程。

我校在 2013 年率先在高中阶段开设全国首批大学先修课,包括微积分、线性代数、概率论等课程,为学有余力并且对大学数学感兴趣的同学提供接触高等数学的机会。除此之外,许多物理竞赛生和做课题研究的同学也会来听这些课,为学生提前接触前沿问题和阅读文献打下基础。

(四)高中数学拔尖创新人才的评价体系建设

我们从具有时代特点的教育观、质量观和人才观出发,建构评价标准与体系。高中教育不仅要为社会培养合格的公民和人才,还要使每一个学生成为有能力追求幸福生活的个体。

高中数学拔尖创新人才要有强烈的社会责任感和使命感。学校十分重视德育教育,引导学生将个人理想追求与国家社会的发展紧密结合起来,为中华之崛起而读书。

高中数学拔尖创新人才会对数学学科有一种特殊的热爱。2021 年我校一位学生经丘成桐先生亲自面试,被清华"丘成桐数学学科领军人才培养计划"录取。该学生性格内向,总体成绩一般,但是他对于数学有着执着而坚定的热爱。

(五)高中数学拔尖创新人才的教师队伍建设

培育一流的拔尖创新人才,要制定单独的人才培养方案和激励机制,更要配备一流的师资。学校数学组在探索高中数学拔尖创新人才的发现与培养的过程中实现了教学相长。

学生的成长与发展可以成为教师发展的动力源之一,多年来,在数学拔尖人才培养过程中,数学组涌现出藤永康、陈双双、施洪亮、王平、刘初喜等五位特级教师,从全国各地引进唐立华、郑跃星、周建新等三位特级教师。学校从清华大学、北京大学等高校引进 10 多位优秀青年教师,五名教师获得全国教学比赛一等奖。数学组 1994 年获得苏步青数学教育团体奖。唐立华于 2001 年获得苏步青数学教育奖一等奖,陈双双于 2005 年获得苏步青数学教育奖一等奖,刘初喜于 2020 年获得苏步青数学教育奖二等奖。

（六）高中数学拔尖创新人才的两个载体——学科竞赛与课题研究

高中阶段数学拔尖创新人才的培养必须以高层次的数学学习为载体,全面提升学生的自主学习的能力、发现问题和创造性解决问题的能力。数学组根据国家需要已经进行了 30 年的基于数学学科竞赛、13 年的基于课题研究的数学拔尖人才培养的探索与实践。

1. 基于数学学科竞赛高中数学拔尖创新人才的培养

数学竞赛有三个目的:第一,提高学生学习数学的兴趣,培养学生的创新精神;第二,促进数学教师素质的提高和促进数学教育改革;第三,发现和培养优秀人才。所以,数学竞赛活动本质上讲也是一种基础教育,必须坚持普及与提高相结合的方针,坚持在普及的基础上再提高的原则。

首先,竞赛需要解决思维灵活与敏捷程度更高的数学问题,它能够打破原有狭隘的经验造成的定势,能够培养学生适应新学科分支学习所需的更具一般性的思维能力,所以它被人们称为"思维体操"。

其次,思维的深刻性在于训练过程中的发现。竞赛中的解法体现出简明性、精巧性和美感,这激励学生不断开发思维的深度和广度,提升他们化繁为简、以简驭繁的思维能力。挖掘题目的内涵,训练学生思维的深刻性是数学竞赛教育的第二产物。

第三,思维的创造性在解决问题的动态思维中培养。事实证明,凝练解题策略对呆板的解题定势有强烈的分裂和重组功能。有些令人一筹莫展的数学试题,三言两语便可释然。特别是竞赛数学中的一些数学思想和数学方法,在这一方面尤为显著。

2. 基于课题研究的高中数学拔尖创新人才的培养

数学课题大致可以分成两类:纯数学课题和应用数学课题。

发现问题是做课题最重要的一步。在指导学生课题研究过程中,目前国外如 PRIMES 及国内很多学校老师的做法是直接指定课题,一般为老师专业研究方向,而我校的做法是通过课堂教学后留给同学的思考题、推荐学生看的科普书、做的高考题或竞赛题去得到自己的课题,这样不仅能让学生切身体会到探索未知的乐趣,也能最大程度上挖掘学生的主观能动性,增强其自主研究的能力。然后通过讲解过去同学所做的各类课题,更加直观地了解可探索的领域和方向,也坚定其信心和决心。

主动探究是完成课题关键的一环。在做课题过程中,即使老师知道部分结果,也尽可能让同学自己尝试,适当放手有时会收到意想不到的结果。在做课题时鼓励同学自学大学数学知识,帮助同学解决研究瓶颈,以"做出来的才是我的课题"为基本原则。如果同学能力有限,也可以从相对简单的应用数学课题着手。

几乎所有同学都能完成课题,在此过程中,学生的创新思维、创新品格、创新意识等都得到了发展,其自主学习、推理计算、论文撰写等多方面能力都能得到锻炼,综合素养得以提升。引导学生不再只满足于被动接受,而是主动探索;不再只是学习笼统的、固化的知识,而是学会见微知著,深入思考问题的意义价值与其背后的底层逻辑。同时,其自信心和课业成绩都能得到大幅提升,这也为学生成长为拔尖创新人才提供了坚实基础。

三、成效与反思

(一)主要成效

通过 30 年来持续的实践研究,我们的数学人才培养模式取得了长足的发展和完善,通过构建切中肯綮的理论指导与实践模式,为国家培养了一大批热爱数学,立志于基础学科研究的高水平拔尖人才。从 1991 年至今,获得全国高中数学联赛一等奖的学生共有 300 人次左右,进入中国数学奥林匹克冬令营的学生共有 90 人次,进入国家集训队的学生共有 40 人次,进入国家队的学生共有 7 人次,并代表中国在国际奥林匹克竞赛中取得 6 金 1 银的好成绩。在数学课题的指导方面,我们也取得了不错的成绩,培养了一批热爱科学、敢于探索的学生,有许多同学在国际丘成桐中学数学奖、全国青少年科技创新大赛、全国明天小小科学家中摘金夺银。如:

1. 刘臻化的课题《一个数论的渐近公式》于 2016 年获得国际丘成桐中学数学奖金奖。

2. 沈伊茜的课题《凸四边形外接椭圆及其性质研究》于 2014 年获得国际丘成桐中学数学奖铜奖。

3. 丁懿铭的课题《基于贝叶斯理论的微博僵尸粉识别研究》于 2015 年获得国际丘成桐中学数学奖铜奖。

……

(二)研究反思与展望

在高中数学拔尖创新人才的探索与实践中,我们也在不断地总结与反思,我们发现学科竞赛和课题研究都需要学生花大量的时间才能有质的提升,这可能会影响其他学科的学习或者能力的提升,这需要统筹兼顾,合理分配。

基于对现今培养模式的深入反思,综合对现实情况的多方面考量,我们对研究做出了如下展望,为后续研究的持续深入和优化确立了基本方向:

1. 进一步深化对于以规范、有效、可推广、可持续发展为特色的数学人才培养模式的研究。

2. 探索引导学生在数学学习的"专精覃思"与各科发展的"全面均衡"间建立平衡的途径。

校本课例研修工作坊模式的构建与实践①

郑新华　王丽琴　张　娜　施　澜　邹强波　汪　培

一、问题的提出

教研是保障教育质量、促进教育内涵发展的重要机制,也是教师专业发展的重要引擎。《中共中央、国务院关于深化教育教学改革全面提高义务教育质量的意见》《教育部关于加强和改进新时代基础教育教研工作的意见》均肯定了教研工作对于基础教育质量的重要支撑作用。

面对国家课程改革不断深化,教育发展进入全面质量提升阶段的新要求和新挑战,教研需要及时转换观念、更新认知、创新方法,实现自我革新的需要。尤其是校本教研更应从基于经验转变为基于证据的研究方法转换;而研究路径从"自上而下"培训式路径转向"自上而下"与"自下而上"相结合的参与式路径;指导专家从个人权威转变为"合作共同体"中的重要成员;研究成效从基于权威认定转向基于科学规范认可。

更需要指出的是,教研制度是中国特色教学管理制度的重要组成部分,也是中国教育的"宝藏",应该是早已超越"只问耕耘,不问收获"的阶段,在这个全球化的新时代,我们应该主动作为,放在全球视角去观察,讲好中国教研中间的点滴故事,并发扬光大。

为此,本研究主要问题是如何在新时期、新时代追求高质量的校本教研。具体而言有如下问题:

① 本教学成果获得 2021 年上海市优秀教学成果奖一等奖。

在理论引领实践的前提下,我们如何能够找到契合校本教研的理论?

尽管我们可以研发和构建出某种模式和框架,但它与其他类型模式比较,如何更为科学判定其实践成效?

在充分借鉴和吸收前人成果基础上,本土化的实践创新如何能够得到更大范围的回应与推广?

二、解决问题的过程与方法

七年多的实践探索,我们发现要实现校本教研的高质量,需应对三个关键挑战:① 找准理论的支撑;② 实践成效的检测;③ 兼顾本土创新与"讲好中国故事"。具体而言,团队经历了以下的解决问题过程。

(一)从理论引入到自主实践,上下结合求突破

早期课例研究(Lesson Study)究其实质很接近于国内的教研活动,主要具有三个特征:群体性合作、过程性反思、持续性改进。经过国际交流与实践,当今课例研究更多趋向于从"教"到"学",如收集学生学习和教学的数据共同分析、改善学生学习;"培养教师看学生的眼睛"(develop the eyes to see students);评课阶段基于学生学习的观察依据讨论研究目标的实现和掌握。

我们发现这些做法和观念很大程度上与课改提出的要求吻合。因此,自2008 年起通过与华东师范大学安桂清教授合作开展研究,进行区域范围的多学科课例研究推广活动,形成了一批校本、区本的师训课程,即"课例研修课程"。

为了更好地将课例研究引入校本教研现场,我们邀请上海师范大学王洁教授为团队开设"做数学课例研究工作坊",并与上海市教科院杨玉东"中式课例研究"团队展开合作,随后在尚德实验学校和华林幼儿园自主开发系列的"校本课例研修工作坊"两种样态(单组和精修)。其中精修工作坊每学期为同一所学校的 14 名左右教师提供服务,以充分培养教师开展校本课例研究的能力。过去的七年里,团队共为浦东的幼儿园、中小学开设了 24 场课例研修工作坊(含 2 场跨区域、跨校工作坊)。

(二)以科研促观念转变,迭代工作坊模式

课例研究有一个很大的特点,就是强调教师行为改进,这种改进是在具体情境中完成的,伴随着教师的多种现场体验,使教师比较容易达成原有教学信念的

巩固或修正。在实践中,首先要树立将教研活动重心从"教"转向到"学"的观念,其次在行为上聚焦:① 课例目标应尊重学生已有经验;② 课的设计应细化学习任务;③ 上课现场观察和收集学生学习的数据;④ 小组分享反思观察数据、循环改善,提高学生学习效果。最终培养教师的基于"儿童视角"的"精神气质":既关注课堂上的教,更关注课堂上的学、在研究课的过程中自主研发观察工具,收集数据、呈现和讨论来自学习活动的数据,从中揭示出对优化教学的启示。

团队在历次工作坊实践基础上,逐步构建了"区域课例研修运作模式",该模式包括共读交流、理论引领、三轮教学暨观察和改进、反思汇报(含撰写报告)等几个步骤。通过以观课议课为中心环节的研修过程,教师的学习行为体现为三个关键动作——观察、复盘、写作,教师的学习方式则表现为读中学、做中学和思中学。

(三)"自营"优化,国际发声,讲好浦东故事

团队深挖两类研修个案,聚焦教师在专业发展方面的变化及其轨迹,其中一类都出自尚德实验学校五年间同一学科三轮课例研修(含两场精修工作坊)的连续追踪,另一类来自一位教师参与九年课例研修的长周期观察。

同时,团队应多所学校需求,进一步简化流程,形成了"简修工作坊"。并且尝试逐步退出研修现场,为学校教研"自营"做铺垫。我们发现"自营"较为成功的教研组实践路径至少应具备如下两点:教研组的合作方式应从由行政规定约束的"人为合作"转向追求"有设计的合作",为教师的专业合作创造机会、角色、期望等支持;教研的组织保障应从寻求"校长支持"转向"分布式领导支持",关注在复杂情境中多元组员个体身上分布着的领导责任和角色,共享集体智慧。

三、成果的主要内容

"校本课例研修工作坊"可分为精修、简修和单组课例研究三类,其中精修工作坊更为完整地体现了本成果的核心要素。

(一)达成系列关于校本课例研修的内涵共识

1. 研修主题源于校本实践问题

研修主题由教师和学校基于自身的实践需求决定。首先,开发者会做这次"课"例所属领域或学科的基本分析,包括涉及的学科知识或教学知识。其次,要

和教研负责人一起对参与教师的学情进行分析,通过调查问卷等手段了解需求与困惑,并与其他同主题工作坊的背景、主题进行对比分析。再次,会一起挑选授课教室,也就是实践课的环境考察,了解情境创设的要素构成。

2. 研修目标指向教师知识的发展和创生

团队在工作坊的实施中适当增加"主题阅读"环节,并在课后研讨中有意识引导"教学内容知识"的梳理。随着实践的深入,更聚焦发展教师的"学生知识",借助多样化"学情分析"手段,规模化地收集学习数据。团队也高度关注教师知识中的策略性知识,特别是元认知教学策略。研修活动中适当增加元认知教学策略的微讲座,并通过学生元认知水平的前后变化来验证教学策略的有效性。

3. 研修过程以追求实证的课堂观察为支撑

完整的课堂观察有基本假设,有操作方法,有数据收集,有验证与反思。观察的重点不再围绕教师教学水平的高低,而是指向学生的学习,包括学习过程和结果的质量,也包括诸如同伴关系、学习投入等非智力影响因素。工作坊过程中,首先会安排课堂观察的微讲座,然后进行模拟观察,在教师自行设计并反复磨砺观察表的基础上,再进入现场开展追求实证的观察。议课环节则倡导使用观察数据来分析和提出改进建议。

4. 研修实效以基于证据的教学改进为导向

即使是单组的课例研究,也必须达成尝试课和改进课之间的循证式教学改进,精修工作坊的五次连续活动设计,更是以看得见的教学改进为导向。参与的所有教师,不仅借助课上观察数据,也注重在课前与课后的微访谈,来拓展质性证据的多重论证,为同伴提出有价值的改进建议。不少学科的工作坊均在前后测上增加分量,从查阅学生作业,发展到编制测试题和问卷,力求使改进过程有证可据,且实现效果的循环上升。

5. 研修成果追求教师个人知识显性化

工作坊将撰写观课报告和课例研究报告作为课例研修的作业,并作为结业评价的重要内容,鼓励通过成果表达促进教师个人知识的显性化。为了保障其质量,团队采取分层写作指导策略,磨稿件和搭平台双管齐下,给予教师更有效的助力。

（二）研制了校本课例研修工作坊的实施指南

1. 研修目标

每期都预设了如下的通用性研修目标：① 持续开展学习观察,体会观察的个性化概念及基本做法；② 全程体验课例研究,提升教学变革的能力；③ 学会撰写课例报告、观察报告。

各校参考这样的通用性研修目标,根据实情进行针对性修订,可增可减。

2. 研修内容

一次精修工作坊通常由五个半天组成,分共同解读研修目标和方案、学习课堂观察、现场教学研讨、研修展示等四模块。概括地说由"3+2"要素构成：

"3"即三个核心要素：① 四合一的团队构成；② 量身定制的研修方案；③ 两课（尝试课、改进课）+两报告（课例、观课报告）。其中四合一的团队构成体现了科研与教研导师力量的优势互补,以及校本骨干与学科新秀的精锐培育,分别为区科研员、区学科教研员、校本教研负责人、少于 14 人的校本教研成员。

"2"即两个选择要素：① 每晚撰写 300 字以上的研修日志（即复盘）；② 每人进行 8 分钟结业汇报。凡不选择这两个元素的,称为"简修工作坊"。

3. 精修操作

① 一校一"坊",服务校本,每期工作坊以本校、本学科命名。② "高端"订制,每期工作坊虽为某中小学、幼儿园预约订制,但成员不拘泥于本校,区学科中心组成员、区教研员科研员的加入,使得订制过程超越校本、高于校本。③ 课例为载体,本校的师生、课堂、课例,既能针对本校实际,也有效减少了工学矛盾。④ 观察为技术,全程着力提升教师的课堂观察技能水平。

"精修工作坊"到底"精"在哪里？须达成以下几个实施的规格要求：

① 团队构成精,导师+精修坊往期学员与本期学员的比一般为 1：1 左右,以实现精准的导师指导加学长辅导；

② 研修方案精,订制方与导师团队反复研讨,确定工坊的研修方案；

③ 目标要求精,不但有工坊研修总目标,还明确个人的研修目标；

④ 质量检测精,针对参与者设计参与前的需求分析和参与后的发展情况调查,不断改革工坊精修的质量；

⑤ 研讨效果精,研讨突破时空界限,热闹的微信群里不但有及时的作业回

馈,还有延续不断的话题讨论;

⑥ 成果品质精,学员有任务,需要撰写研修心得+观课报告,执教老师还需要撰写课例研究报告。导师帮助分层指导写作和修改,推荐发表。

4. 研修评价

团队重视工作坊的评价与反馈,形成了"订户"思维和多元反馈机制。

① 重视来自教师研修日志的成长痕迹。从教师在精修坊期间撰写的研修日志中,可以看到他们开始以学生的立场反思教学。

② 重视来自"订户"调查数据的反馈。每次工作坊结束都开展订户导向的评价调查,以期不断提升精修质量。反馈的调查表包括如下内容:总体满意度;个人研修目标的达成度;主要收获点、能力增长点;五次活动的差异性评价……

(三)创生了浦东特色的区域课例研修运作模式

该模式描述的是浦东教师以校(园)内部的教研组、备课组为主要组织基础,在区课例研修团队和区教研中心组的指导与陪伴下,一起开展三种样态(也是三种可以逐层深入)的课例研修活动。具体如图1:

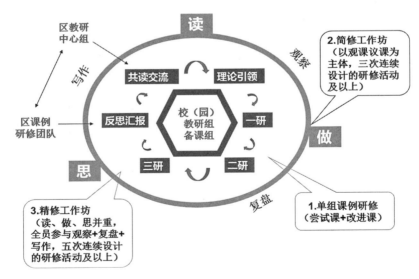

图1　浦东特色的区域课例研修模型初建

从实施流程看,一次完整的精修工作坊有共读交流、理论引领、一研、二研、三研、反思汇报等六个环节。这六步在迁移到具体学段、学校时,可以根据校本、园本需要进行调整。简修工作坊是对这六步流程的简化,最少为三步:① 理论引领+观察体验;② 一研;③ 二研+总结。

浦东已经实施过的课例研修工作坊,之所以能促进教师深度卷入课例研究,主要是在六步或三步流程背后,设计了三种全体教师必做的关键策略:观察、复盘、写作。也就是说,除了每次在现场大家要全神贯注地参与观察,捕捉学生学习的各种细节之外,当晚,每位教师还要对观察、访谈得来的素材进行复盘,写下所思所得,及时与同伴进行交流,交换所得所悟。一期研修工作坊结束后,执教者、负责学情测量与分析以及自愿继续挑战写作的教师,会在科研专家的陪伴下,撰写课例研究报告、课堂观察报告和学情分析报告,经反复修改,直至推荐发表。这些过程中,工作坊的"小伙伴"始终是平等、对话的关系,形成的专业共同体气氛,也是工作坊特别重要的成果。

从学习方式看,通过课例研修课程的设计与实施,教师在共同体成员的陪伴下,一般都要经历三种学习方式,帮助教师更好在"教研现场"写作。

1. 读中学:工作坊的共读交流、理论引领环节非常强调教师的阅读与讨论,包括阅读经典著作、最新文献等,教师通过对前人研究成果的学习,从中找到自己研究的起点,形成适合个人最近发展区的研究主题。

2. 做中学:教师在课例研究的过程中学习,强调情境学习。比如,为了掌握课堂观察的技术与能力,教师必须深入中小学、幼儿园的课堂现场,亲身经历观察表的设计与改进、抽样生的跟踪观察、记录与分析。这种学习既是对已有理论成果的技能习得,也是对未知领域的不断探求。

3. 思中学:团队非常重视当日复盘和结束时的反思汇报,就是为了让教师在实践中反思,在质疑声中成长。正式的汇报交流、规范的报告撰写,则是教师个人理论体系重建的重要契机。

四、效果与反思

(一) 成效

1. 促进了参与学生的素养发展

通过每次工作坊前后测与访问,绝大多数学生都有积极变化,其中大团中学

"学困生"个案发现英语学习兴趣和合作能力也有提升,学习开始良性循环。绝大多数幼儿的学习品质,获得了不同程度的增长与发展。此外在个案中,初中生不仅在元认知能力得到提升,而且明显提升了阅读理解水平,该成果发表在 SSCI 期刊。

2. 坚持成果共享,工作坊运作模式等发挥了良好的辐射示范作用

本成果以多种共享形态(选修课程、工作坊、系列讲座等)已开展广泛的辐射示范,在上海闵行、嘉定、宝山、青浦等多区,新疆塔城、山东青岛、浙江杭州、河南郑州、广东深圳,江苏南通、常州、兴化、盐城等多地共享。常态的辐射通过公微"课例研修小磨坊"进行,有 10 657 名订阅用户(含英文用户 66 人,繁体中文用户 29 人),分布于国内 33 个省市自治区,推送论文、课例研究报告、工作坊深度报道 600 余篇。《上海教师》学术辑刊以长篇论文形式发表了团队的工作坊模型(见图 1),引起较大反响。

3. 多方科研合作,促进团队成果的总结和转化,拓展学术影响力

团队先后邀请国际课例研究权威——香港教育大学郑志强、新加坡南洋理工大学方燕萍等教授来访浦东,开展学术探讨。于 2019 年 11 月承办首届中式课例研究学术研讨会。

核心成员聚焦教师"学生知识"与"部编本教学策略优化"做深化研究,立项 2021 和 2022 年度市级课题。近年来,团队发表 CSSCI、SSCI 学术论文十余篇,出版两本专著。2019 年首届中式课例研究大会(浦东)与 2019 年 WALS 年会(荷兰)等学术平台上,团队均有成员发表主旨报告,受到同行好评。

迈克·扬(Michaël Youn)曾经提过,"一种理论的失败就在于没能使人们意识到和改变自己的世界",校本课例研修工作坊模式的"探险"的意义也在于让我们更宽阔同时更深度去重新意识到和改变我们自己的世界,而这可以通过对即时教研现场的再理解来实现。

(二)不足及需要进一步探索的问题

在与课例研究前沿专家、学者的密切合作中,我们也发现,课例研修工作坊的实效检测依然是团队的薄弱点,尤其是"学生知识"这个目前还有待进一步明晰的学术概念,其内涵的进一步厘清,可检测的要素、可观察的行为指标等的进一步细化,都是团队 2021 立项的市级课题的研究重点。最后,我们将继续追踪

国际课例研究的前沿动态,坚守"中式课例研究"学术共同体的价值原点——讲好中国故事,做好服务一线教师的研究。与此同时,我们也会继续守好课例研修工作坊的"校本"特色,这将也是课例研究"中"味醇正的一种保证。

培根铸魂的"责任教育,自主发展"30 年实践[①]

王海平　胡雨芳　李海林　王　珏　盛韶华　董　鹏

"负责"是洋泾中学的校训,凝聚着"洋中人"的精神,是 1992 年以来开展责任教育实践的结晶,也是引领学校发展的一面旗帜;"责任教育,自主发展"是洋泾中学创建上海市实验性示范性学校的实施策略和实验主课题,这一主题是责任教育的延续;"办负责任的学校,做负责任的教师,育负责任的学生"是洋泾中学的办学宗旨,也是全体"洋中人"自觉的价值追求。

一、问题的提出

我们的研究,试图解决以下四个问题:

在价值多元背景下,如何保证学校发展的正确方向,与时俱进地提升"育德·育才·育人"的有效性?

构建怎样的责任教育管理机制,以此实现"办负责任的学校"?

构建怎样的责任教育课程体系,以此实现"育负责任的学生"?

构建怎样的教师专业发展路径,以此实现"做负责任的教师"?

这是四个不同层次的问题,但相互制约、紧密联系。问题的提出,主要基于以下几方面的认识:

（一）现实的挑战：从严峻的现实分析必须开展责任教育

1. 学生现状及其分析

1992 年,我们组织了对高中学生现状的调研,发现以下问题:

---

① 本教学成果获得 2021 年上海市优秀教学成果奖一等奖。

（1）在对待义利关系的认识上，出现了重利轻义的拜金主义倾向。

（2）在学习目的上，出现了重私利轻奉献的利己主义倾向。

（3）在生活追求上，出现了盲目追求物质享受的享乐主义倾向。

出现以自我为核心的这种种不良倾向，本质上是由于缺乏对自己、对家庭、对集体、对国家、对社会的负责精神所致。十年树木，百年树人，实施责任教育，必须从青少年抓起。学校是教育的专门场所，是政治思想教育和品德教育的主阵地，应有计划、有步骤、有目的地开展责任教育，帮助中小学生树立远大理想和正确的世界观、人生观、价值观，培养优良的道德品质，使他们承担起建设祖国的重任，成为富有社会主义责任感的一代新人。

2. 学校发展面临的挑战

学校地处我国改革开放的前沿阵地——浦东新区，值此浦东开发开放之际，新区城市建设的功能定位和发展目标要求我们在经济建设的同时努力塑造一流公民的素质，致力提高市民责任心和责任感，与浦东一流城市建设相配套。

学校当时是一所区重点中学，承担着为上海一流城市培养建设教育人才的重任。因此，学校开展责任教育活动和研究意义重大。

3. 典型的发现带给我们的思考

学生党员何承华在洋中就读初中、高中。他自1990年起坚持4年时间，为残障军人、孤老汪少臣老伯伯服务，两人结下忘年交。何承华的事迹在全校传开，让许许多多的同学感到敬佩。校领导在思考：如何让更多的何承华成长起来？同学们在思考：怎样向何承华同学学习？于是学校与街道干部共同协商，请居委会协助安排，动员同学们到社区去，像何承华同学那样，为孤老残障人士服务，让同学们在社区服务中找回"责任"。

（二）时代的呼唤：从时代的发展分析必须开展责任教育

1. 开展责任教育是社会转型期人才培养的必然选择

在和平和发展两大历史潮流中，建立国际新秩序，中国理应做出更大的贡献，尽更大的责任，而这个任务就落到年轻一代身上。因此，加强社会责任感，为人民、为祖国、为世界尽义务、尽责任，是一种义不容辞的历史使命。

教育是培根铸魂的工作，教师是人类灵魂的工程师，要牢记"修身守正，立心铸魂"，把"有理想信念、有道德情操、有扎实学识、有仁爱之心"作为人生追求，有信仰、有情怀、有担当,讲品位、讲格调、讲责任,努力"做负责任的教师",承担起负责任、育新人的使命任务。

2. 开展责任教育是世界各国共同的培养目标

面对经济全球化、市场国际化的大趋势,国际竞争日趋激烈,对人的责任心、使命感的要求越来越高,因而责任教育显得更加重要和迫切。西方一些国家都把责任作为高素质人才的重要标准和必备条件,都把责任教育作为培养高素质人才的必要策略。

二、解决问题的过程与方法

(一) 强化责任,形成共识(1992—1997 年)

1992 年,为探索德育工作新路,学校通过调研、访谈,提出"发挥教育优势,通过教学手段,结合文化科学知识传授和先进模范人物榜样教育,对中学生进行责任教育"的基本思路,开始在社会实践中加强对学生的责任教育。

(二) 确定校训,理念引领(1998—2002 年)

责任教育研究与实施开始突破德育范畴而扩大到更多领域,学习责任、创新责任、环保责任等教育进一步深化,特别加强案例研究和行动研究,构建了"涟漪式推进"和"螺旋式上升"推进模式。2000 年,确定"负责"为校训。"责任教育,自主发展"成为全面提升办学品位、整体促进学校发展的核心理念和引领学校发展的一面旗帜。

(三) 整体构建,系统推进(2003—2005 年)

使用经验总结法和模式建构法,构建了培根铸魂的四大领域、四个主题、八项活动、四条途径、五步策略、两项评价为核心的责任教育体系,以"一个不能少"作为起点要求,以"顶天立地"作为实施要求,以"磨课磨人"作为突破口,不断转变教师的理念,使广大教师积极探索德育新路,研究教学改革,提高教育教学和科研能力。

(四) 培根铸魂,示范辐射(2006—2021 年)

学校确立了"办负责任的学校,做负责任的教师,育负责任的学生"的办学宗旨;把"探索生涯规划指导,构建学生成长支持系统"作为学生责任教育的重要发展目标,形成了以生涯教育课程、生涯测试与辅导、综合活动为核心的生涯教育体系;出台了"响亮工程"实施方案和八个附件,从制度方面规范和引领教师专业发展;提炼出促进教师专业成长的"教师二次成长论",构建了课堂教学临床研究方式,形成了课堂教学诊断九大成果,促进了教师专业成长。成果辐射推广到本市和成都、酒泉等 100 多所学校。

三、成果的主要内容

(一)"责任教育,自主发展"的理论成果

1. 学会负责：责任教育的核心内涵

所谓责任,是指分内应做的事,是指应承担的职责、任务与使命,是对职责、任务、使命的确认与承诺。责任教育的最终结果,就是使责任主体形成正确的责任观、高尚的责任意识、自觉的责任行为。

我们认为："负责"是责任教育的核心。所谓负责,即负重致远,责无旁贷,它所追求的境界,就是将外在的"任务"化为分内的"义务",将被动的"义务"化为主动的"追求",做一个有责任、有担当的人。

由此,责任教育就是要通过一定的教育内容、途径、方法,对责任主体施加影响,使其养成负责精神和责任意识,其最高境界就是学会负责。

2. 四位一体：责任教育的核心内容

责任意识、责任情感、责任能力、责任行为构成了培根铸魂之"责任教育"的核心内容。其中：责任意识,即责任心,指对所承担的职责、任务、使命的高度负责的精神,是一种重要的心理品质;责任情感,即责任感,是指人们在实践活动中,对自己完成活动任务的情况持积极主动、认真负责的态度而产生的情绪体验;责任能力,指履行好责任所需的各种能力的统称;责任行为,指履行责任的行为,是履行责任的行动,是责任意识、责任情感、责任能力影响下的外化表现。四大内容,既有联系,又有区别,是相辅相成的辩证统一的关系。

为了便于学生接受和理解,在实践中,我们用"对自己负责、对家庭负责、对学校负责、对社会负责"四大主题表述,将"责任意识、责任情感、责任能力、责任行为"的四大内容融入其中。

3. 五步推进："责任教育"的策略与方法

从任务到责任：采取任务布置与积极引导和及时鼓励相结合,让学生在实践中完成"要我做"到"我要做"的转变。

从岗位到责任：设置岗位，使学生对"为他人、为社会尽一份责"具体化，倡导自己去寻找、设置及管理岗位，学会自主和尽责。

从活动到责任：把多种多样的活动选择、设计、实施等有序地交给学生负责，实现"负责、责任"的训练和养成。

从评价到责任：按照评价促进发展的思路，从监控、反馈和调整等各环节，通过各责任主体的有序参与，促进责任教育各环节的落实，提升自主管理水平。

从计划到责任：学校制定所有计划，都是从培养学生的责任意识、责任情感、责任能力、责任行为的高度出发，落实各部门的责任，从领导、教师、学生三个层面，在德育、教学、科技等整个教育教学系统整体落实责任教育。

4. 教师二次成长论：教师成长规律

在责任教育研究过程中，提出"教师二次成长论"，主要观点：

（1）一个优秀的教师，一般有两次及两次以上的成长过程。

（2）一个教师要走向成功，起关键作用的，是第二次成长。

（3）当前教师专业发展遇到的瓶颈，不是教师的第一次成长，而是第二次成长。

（4）教师第二次成长的途径、方式与教师的第一次成长的途径、方式是不一样的，当前需要着重研究教师第二次成长的途径与方式。

5. 教师专业发展学校"双中心"观：学生发展中心和教师发展中心

经过研究，提出教师专业发展学校"双中心"观。其内涵是：教师专业发展学校既以学生发展为中心，也以教师发展为中心。包括以下几个方面：

（1）双目标：教师专业发展学校既要培养学生，又要培养教师，统一为"教会教师更好地培养学生"。

（2）双职责：教师专业发展学校的教师，既以教书育人为基本职责，又以科研为基本职责，统一为"以科研促进更好地教书育人"。

（3）双主线：教师专业发展学校的管理既有"管教学"的主线，也有"教师培训"的主线，统一为"近期效益与长远效益的结合"。

（4）双课堂：教师专业发展学校的业务既有"学生课堂"，也有"教师课堂"，统一为"台前与台后"的关系。

（二）"责任教育"的实践成果

1. 初步完成"责任教育"课程体系的建构

（1）责任教育的四大领域。

对自己负责。明确"我是谁""我准备去哪儿""我准备干什么"，做到"有理想、敢担当"。

对家庭负责。明确"我从哪儿来""是谁给了我这一切""我应该怎么办"，懂得"感恩"，将"责任""负责"认识具体化。

对学校负责。明确"学校给了我什么""我怎样不辜负师长的期望"，懂得"荣誉"的意义，进一步提升对"责任""负责"的认识。

对社会负责。明确"我的使命是什么""我怎么才能不负时代、不负韶华"，形成"使命意识"。

（2）责任教育的年级分层。

高一年级，新生来自不同的学校，学习习惯、行为礼仪等各方面有较大差异，以行为规范为中心，以责任行为表现为切入，系统构建学生在学校、社会、家庭的行为准则与习惯。

高二年级，由于处于高中承上启下阶段，学生容易放低自我要求，以道德品质为中心，以责任价值观为切入，实现学生责任行为由"外在要求"向"主动追求"转化。

高三年级，以对自己一生负责、对自己的未来负责为中心，以生涯设计为切入，以为未来做好准备为主线，激活责任价值观，以学会学习，具有综合素质；设计人生，把好人生之步；明理立志，真情回报社会为重点。

（3）把生涯教育、校史教育纳入责任教育。

我们认为：要做到"对自己负责"，生涯教育是最佳路径。从 2010 年起，启动生涯教育，建立人生导师制。展开多样化的生涯教育活动：校友才俊访谈、企业文化考察、踏上父母上班路、职业见习等。也有固定仪式如成人仪式、十年之约，建构洋泾教育集团中小学一体化责任教育体系。

挖掘校史馆红色资源，将校史纳入责任教育体系，通过浙东四明山抗日游击队洋中校友寻踪、采访杰出校友等形式，充分挖掘社会共建资源，开展系列寻访交流和主题实践，让校史从"陈列"活化为"教材"。

2. 构建平台,培育"负责任的教师"

(1)自主规划,鼓励冒尖,营造自主发展的氛围。

提出响亮工程、精品工程,制定教师中长期发展规划,整合教育科研、磨人磨课、学习共同体等路径和资源,为教师发展提供平台和服务。以"教师二次成长论"为指导,经过认识自己、初步策划、确定方向、编制计划等步骤,引导每位教师制定并落实好个人成长计划。鼓励冒尖,搭建成长阶梯,创设教育、教学、研究、学习合一的专业生活方式。

(2)开展教学诊断,创建课堂教学临床研究模式。

升级了促进教师专业成长的抓手"磨人磨课",创建了基于医学临床研究方式的课堂教学诊断研究模式——教学临床研究。其核心是建构课堂教学诊断四大模型,即思维模型、操作模型、技术模型和管理模型。

思维模型改善了教师的思维方式,操作模型拓展了课堂教学研究层面——中观层面,技术模型实现了信息技术与课堂教学研究和教师专业成长无缝衔接,管理模型保障了课堂教学诊断成为一种常态化、学术化的校本研修方式。

3. 涟漪式推进、螺旋式上升的推进模式

涟漪式推进:以榜样示范、宣传引领等路径,在潜移默化中扩大影响、拓展领域,逐渐实现全覆盖。这可视之为量的积累。

螺旋式上升:按照"问题—研究—实践—反思"的路径,在主动与社会发展和教育教学改革的融合过程中,不断吸纳最新信息,不断将社会发展对人的要求,吸纳进责任教育的范畴,与时俱进地提升内涵,在此过程中,实现责任教育理论认识与操作模式的全面提升。此之谓质的飞跃。

四、成效与反思

(一)成效

2005 年起,成果应用于全校教育教学管理,师生 100%参与其中;2015 年起,成果推广到洋泾教育集团所有成员学校和市实验性示范性高中部分学校;2021—2023 年,由教育部组织面向成都、酒泉等 100 多所国家级优秀教学成果推广应用示范区学校推广应用。

1. 学生成长

形成了以国家民政部为民服务先进个人、上海市新长征突击手何承华同学、2018 年福布斯亚洲 30 名 30 岁以下杰出创业者肖冰影、2017 年全国最美中学生王珊同学为代表的朝气蓬勃的学生队伍,显示出负有使命感的长效应。关心他人牢记责任;学习自觉,负有责任;创造发明,表现责任;勇于批判,捍卫责任;家庭生活,承担责任;为国争光,为了责任;进入社会,不忘责任。跟踪调查显示,学生责任素养显著高于其他同类学校。华师大心理系对上海市 10 所中学 1 000 名高中生作责任状况的专题调查,多项指标显示:我校学生的责任意识、责任情感、责任能力、责任行为及对自己、对集体、对国家之责任的各项得分均高于参测的其他 9 所学校。

2. 教师发展

教师的培根铸魂意识显著增强,专业发展水平明显提升。责任教育的开展,使广大教师完成了由重他律到重自律、由重育分到重育人、由重能力到重责任的转变。基于事实和证据的教学临床研究拓展了课堂教学研究方式,培养了一线教师面向事实、基于证据、关注细节的原点思考方式和程序性、结构性、系统性的焦点思考方式。仅以最近五年为例,受益于责任教育研究,4 位教师获评特级教师,8 位教师获评正高级教师,3 位教师获市中青年教师课堂教学大赛一等奖,20多位教师获评区学科领军人物、学科带头人或骨干教师。

3. 学校变化

责任教育开展以来,学校形成了"责任教育"的办学特色,家长和社会的满意度由 30 年前的 65% 提升到 95% 以上。学校先后荣获 100 多项市级和国家级表彰奖励,由区重点中学升格为市实验性示范性高中。责任教育已成为学校办学特色和品牌,其成果分别由区教育局、市教科院和教育部面向区、市和全国推广。中央电视台、文汇报、东方网等多家媒体均对我校责任教育给予了宣传报道,产生了良好的社会反响。

(二)反思

1. 责任教育按年级循序渐进

围绕责任教育目标,在教育内容、教育途径、教育方法等方面应根据不同年级、不同年龄、不同心理特点、不同教育要求作出循序渐进的安排,避免教育活动重复,学生感到厌烦,教育缺乏深度,流于表面形式,也避免出现责任教育活动零打碎敲的无序状态。

2. 责任教育必须注重实践体验

学生从责任认知内化为责任行为,关键要加强学生的实践体验。自我体验是十分重要的心理活动,责任教育的一切活动要聚集体验,关注体验,才能真正实现责任教育目标。实践不能完全等同体验,在责任教育中要引导学生在实践基础上去学会体验。

3. 责任教育要注重学生的"内化"

责任教育有了实践和体验是远远不够的,教师们还应关注体验后的思考探究阶段,帮助学生升华自己的思想境界。学生的情感内化不是靠几次大会或活动可以解决的,最重要的要依靠教师一贯细微的观察与教育。

4. 责任教育中不可忽视榜样示范作用

榜样的力量是无穷的,一个小组、一个班级、一所学校,每个阶段、每次重大活动都应有榜样示范。应该从只有个人典型和少数中心人物的"个人典型示范"发展到一个学校整体运动的"基本群体示范"。

5. 责任教育要给学生创设开阔的空间

让学生学会负责,就要给他们创设开阔的空间,最重要的是落实一个"放"字,放时间、放空间、放权利。所谓放时间——中午时间,周五三点以后时间教师一律不得占用;放空间——所有社团都有自己的活动地点、专用教室,自己布置自己管理;放权利——只要有学生参加的教育活动全部由学生自己设计、主持,凡涉及学生整体的问题,由学生自己来解决。

6. 责任教育的关键是发挥教师的作用

在责任教育中教师起着双重作用,一是教师自身责任的表现,可以成为学生的楷模,以自己的责任感和责任行为言传身教;二是教师对学生注重责任的培养与指导,实施责任教育并寻找到正确的教育途径与方法。所以加强对教师的责任教育,发挥教师在责任教育中的作用直接关系到开展责任教育的深度与广度。

等奖

成就都市中的"野"孩子

——幼儿园"田园实践活动"课程建构与活动①

王　雯　姚　萍　兰　璇　陆天星

一、问题的提出

(一)研究主要动因

近年来,通过文献研究与实践观察,我们发现都市中越来越多的儿童热衷于电子产品,日常生活远离自然生态,造成抗挫能力差,生活能力弱。为什么这些现象会如此普遍,我们从以下三方面进行了分析:

1. 社会背景

城市中钢筋水泥林立,自然生态环境堪忧,孩子身处其中,平常又困于方寸室内,缺乏亲近大自然的机会,"自然缺失症"因此愈演愈烈。

2. 家庭教育

家长普遍罹患"成功焦虑症",望子成龙心切,在生活自理能力培养方面过度包办,倍加呵护,使孩子习惯于养尊处优,缺乏锻炼与劳作;但在智力发展方面拔苗助长,急功近利,重视知识技能学习,缺乏对探究探索、想象创造等学习品质的培养。

3. 幼儿园教育

幼儿的主要活动局限于教室与幼儿园的有限空间之内,缺乏大量的在真实自然环境中进行富有挑战性的亲身体验、感知与实践的机会。

---

① 本教学成果获得 2021 年上海市优秀教学成果奖二等奖。

如何帮助幼儿更好地成长？基于以上背景,结合锦绣博文幼儿园已有的自然教育资源,园方确立了"田园教育"的办学理念,以"田园实践活动"为切入点,进行课程的架构与实施,希望在都市中打造一方本真、质朴的"田园绿地",让孩子在其中尽情舒展、自由成长。

(二) 主要研究问题

通过政策分析、理论研究并结合实践思考,我们认为"田园教育"的发展离不开幼儿园整体课程领导的建设,幼儿园课程领导可以从课程思想、课程设计、课程执行、课程评价等四个维度进行建设。我们通过问卷和访谈开展现状调查,梳理出我园在课程领导建设方面需要解决的两大问题。

1. 幼儿园管理层课程领导的问题

(1) 课程愿景不明晰。虽然办园之初就提出了"田园教育"的课程理念,但更多是园长和核心骨干教师"闭门造车"的结果。教师对何为田园教育、田园教育要培养怎样的孩子等问题缺乏认知,尚未达成共识。

(2) 缺乏特色课程实施方案。田园实践活动呈个别化、零星化局面,尚未形成体系。没有从课程要素出发架构编制实施方案,活动设计与实施缺乏专业性与操作性。

2. 教师实践层课程领导的问题

(1) 缺乏儿童权利意识。教师对幼儿在课程中的权利重视不够,缺乏儿童权利的保障和支持,幼儿在活动中的主体地位得不到保障。

(2) 课程自主设计实施能力薄弱。在课程开发与实施过程中,教师的被动实施多于主动实施。教师缺乏对幼儿的观察评析能力,基于幼儿的发展去反思改进教学的能力偏弱。

(3) 对如何整合利用园内外课程资源缺乏思考。教师眼中的课程资源仍然局限于园所或班级内,"打通围墙,引入活水"的大教育观尚未形成。

明确了课程问题,我们将特色课程"田园实践活动"作为研究载体,以此来研究如何明晰幼儿园课程愿景,并让教师认同课程愿景;如何编制幼儿园特色课程实施方案,并基于实证进行修改完善;如何增强教师儿童权利意识,提升教师课程自主设计实施能力并落实到田园实践活动中,并提高整合利用园内外课程资源的能力,最终提升幼儿园管理层和教师的课程领导水平。

（三）研究价值

（1）通过课程建构，培养具有旺盛的探索劲、持久的坚持力、独特的表达心和生命的感恩情的身心和谐发展的快乐儿童。

（2）通过田园实践活动的实践探索，总结出一套切实可行的、可供面上幼儿园借鉴的特色课程的开发与实施的经验。

（3）通过课程实践提升教师与幼儿园的课程领导水平，包括对课程的思考、设计、实施与评价等能力。

二、成果的主要内容

（一）理论基础

1. 自然教育思想

18世纪法国著名教育学家卢梭认为：教育的最终目的是培养"自然人"。培养这种"自然人"，即能够对事物进行观察、判断、独立的思考和分析。田园实践活动尊重学龄前儿童"感观教育"的发展需求，活动的内容不是儿童所不能触及的"空中楼阁"，它能够从儿童的亲身体验出发，给予儿童在大自然的环境中感受和学习的机会，是适宜该年龄阶段发展需求的。

2. 生活教育思想

在杜威"教育即生活"教育理念的基础上，陶行知结合中国国情提出"生活即教育"的教育主张。我园田园实践活动来源于生活，让儿童在生活中体验和学习，从而不断积累儿童的经验，以能够满足儿童生活的需要。

3. 建构主义

基于皮亚杰建构主义课程理论的基础，田园实践活动在实施中，我们注重创设自由民主的氛围，教师"让位"，给予儿童更多主动建构学习的机会，充分激发儿童的探究主动性，保证儿童主体地位，使得他们获得由内而外的发展。

4. 儿童权利

在当今时代，"儿童权利"正在悄悄地走近儿童身边，走进儿童教育的课堂，成为促进儿童发展的"助力器"。田园实践活动从理论层面出发，制定儿童发展理念和培育目标，从设计到评价，始终保证了儿童的参与权，活动的来源经过儿童民主投票形式产生，活动的过程给予儿童自由选择、探索、质疑的权利，活动的评价倾听儿童的声音,儿童权利得到真正落实。

(二)主要观点

1. 田园实践活动概念

田园实践活动以大自然环境为主要场域,以四季变换为线索,以劳作、趣探、野玩、节庆为活动内容,以幼儿亲身实践、感官体验为主要方式,尊重儿童权利,回归儿童需求与天性,持续地激发、支持、引导幼儿主动探索,使幼儿成为一个具有旺盛的探索劲、持久的坚持力、独特的表达心、生命的感恩情的"野孩子"。

2. 田园实践活动体系

重塑理念目标——共铸"田园魂"

自 2015 年起,基于课程实施方案的各要素要求,着手编制《田园实践活动实施方案》。其中,理念与目标是幼儿园课程实施方案的"魂",起到引领作用,奠定了课程实施的整体基调。我们从幼儿、教师、家长三方调研之中寻找灵感、从全员讨论中寻求共识、从一线实践中理清细节,经过实证调研、反复研讨、多次实践,最终确定课程愿景为"成就都市中的野孩子",让幼儿成为爱自然、爱探究、爱他人、能劳作、能表达、能合作的身心和谐发展的快乐儿童。

架构课程内容——齐议"田园事"

经过专家指导与实践积累,我园梳理形成了课程体系,三足鼎立,各有侧重,共同构成田园实践活动的完整版图(图 1)。

在田园实践活动内容架构过程中,"田园 30 事"的诞生过程可谓一波三折,集中体现了我们基于实证完善特色课程方案的思路与做法。图 2 为我园田园 30 事的结构。

探究实践路径——践行"田园法"

在田园实践活动早期,活动方案由园方或年级组统一制订,教师只负责执行,能动性与创造力都得不到锻炼与发挥。为改进活动实施机制,我园开始梳理形成《田园教育观念导引手册》,为教师开展田园实践活动搭建支架;面对以青年教师居多的教师团队,在提供操作导引的同时,定期的全园卷入式研讨更能把准方向,给予推动。为了推动田园实践活动实施常态化,园方拟定了配套的相关制度,如《课程审议制度》《课程资源开发与利用制度》《田园实践活动培训制度》等,保障实践。

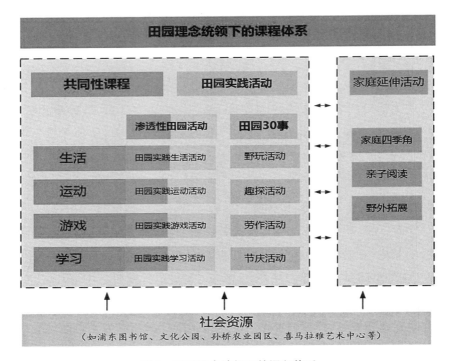

图1 田园理念统领下的课程体系

共创课程环境——同创"田园景"

田园实践活动开展需要环境的支持,我园一直致力于在园内营造一个自然、本真、质朴的教育环境,让孩子在充满自然野趣的环境中浸润成长。

在幼儿园新一轮的环境改造中,我们邀请了小、中、大班共30名幼儿代表参与调研,通过观察、幼儿会议、自主摄影、绘画、地图制作、投票等方式,积累了近3万字的儿童会议记录,拍摄了700多张照片,创作了近100幅绘画作品,表达了幼儿心目中对一所田园幼儿园的设想,真正做到"我的地盘我做主"。接着,教师立即跟进,对外环境进行重新规划,加入了孩子设计的元素,比如彩虹楼梯、雨水瓶、小书屋等。

实现家园互动——打造"田园圈"

田园实践活动的开展需要建构开放包容的家园关系,引导家长群体,联动社区资源,形成亲密和谐的教育共同体。我园注重开展多元互动,延伸家庭田园实践活动,并为家长提供《家庭延伸田园实践活动操作导引》,家长普遍反馈内容接

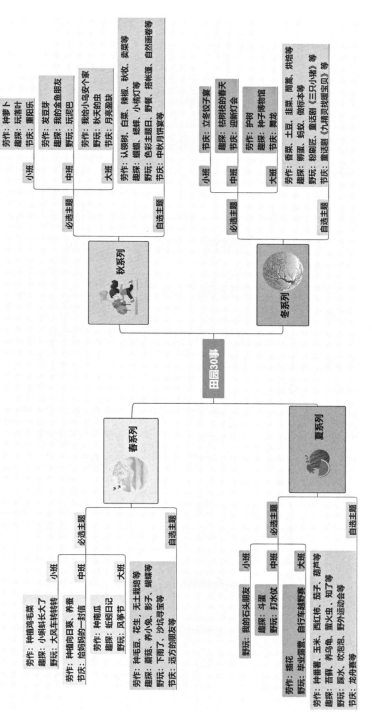

图 2　田园 30 事结构

地气,操作性强。我园还利用信息平台,传播田园教育理念;充分整合社区资源,开展0—3岁早教等,向社区辐射田园教育理念。

（三）实施策略

在研究中,我们梳理了三项实施策略:

（1）聚焦价值引领,愿景共创——通过多方调研、民主研讨、环境浸润、文本提示、培训研修等方式,找回教师的认同感和参与感。

（2）指向问题解决,行动共进——提升系统性思考、关联性实践和一致性评价等方面的能力。

（3）培育平等对话,合作共赢——基于课例研修、保教现场等,打造相互探讨、客观评价、精诚合作、共同提高的研修文化。

（四）适用对象

有志于开展田园教育、亲自然教育的幼儿园。

（五）呈现形式

学术专著、论文、田园实践活动操作导引、田园实践活动方案集、田园实践活动课程故事集、课程影像成果等。

（六）重大进展和突破

本研究以田园实践活动特色课程建构为抓手,催生幼儿园的内在动力,以"成就都市中的野孩子"为愿景的幼儿园特色课程的编制,不仅成为幼儿园的一张名片,更成为上海幼儿园特色课程建设的一个典型案例。

1. 践行儿童权利的课程实践

本研究成果基于当今儿童教育问题,以田园实践活动为抓手,以儿童发展为本,落实儿童权利。特别是在幼儿园环境创设、幼儿园课程内容编制、课程实施途径等方面,探索儿童参与权、决策权的落实,为同行、姐妹园等理解并落实儿童权利提供了范例。因而,在幼儿园特色课程建设方面获得良好的口碑。

2. 聚焦问题的研究路径

本研究呈现了我们整个项目的研究过程,如项目前期我们开展摸底调研,找出"真问题";项目开展中保持敏感度,及时捕捉实践中出现的问题,以问题为引领,以问题为发展契机,基于问题思考对策,及时纠偏调整,再度付诸实践,重新检验……如此循环往复。在课程建设、课程实施的每一个阶段,带领教师团队在实践中发现自己的问题、研究自己的问题，打造基于问题解决的研究路径。

3. 基于实证的研究方法

在项目研究过程中，无论是课程理念与目标的修订、课程结构与内容的完善，还是课程领导力提升成效的检验，都是基于多方实证。经过梳理，我们收集积累证据的方法主要包括：理论参考、多方调研、幼儿投票、专家咨询、专题实践和案例分析等。突破了以往幼儿园研究多以主观经验总结为主所存在"感性有余、理性不足"的问题。基于实证的研究，是我们使用科学研究方法的有益尝试，提升了我们的科学研究素养。

4. 打造共同体的研究团队

在项目研究中，我们形成了研究共同体。共同愿景是共同体的基础，权利共享是重要特征，我们鼓励民主与多元，为教师赋权。同时，本研究非常注重合作的文化氛围，在鼓励合作的共同体支持下，教师积极设计与实施田园实践活动，把每一次课程设计与实施当作是自我提升的机会。

（七）推广价值

（1）我园现有的研究成果有利于良好教育生态圈的形成。

（2）目前，我园摸索出一套切实可行、较为成熟的幼儿园特色课程体系开发的经验与做法，可供对课程架构有需求的其他姐妹幼儿园参考。

（3）我园积累了丰富的田园实践课程资源，可转化为教师培训资源，开发培训课程，可供其他有志于开展田园教育的幼儿园、学校、研究人员参考。

三、效果与反思

（一）研究效果

（1）经过田园实践活动的浸润洗礼，锦绣博文的孩子身上的田园特质日趋凸显——持久的坚持力、旺盛的探究劲、独特的表达心、生命的感恩情。除此以外，依托田园实践活动，我园幼儿学习品质优化整体效果显著。

（2）"田园实践活动"课程的建构与行动，为幼儿园构建了一套完整的田园实践活动体系，彰显了办园特色，促进管理层和教师的课程领导水平显著提升。教师对儿童权利逐步"知行合一"；教师队伍的课程自主设计与实施能力提升明显,具备完全课程自主设计与实施的教师比例从前期调研的5%提升至后期调研的30%以上,并且教师整合利用课程资源的能力有明显改善,到研究后期将近一半的教师认为自己在开展田园实践活动中已能充分整合利用园内外资源。

（3）"田园实践活动"课程的建构与行动,促进了家园互动品质提升。依托"田园实践活动"研究与实施,我们架构了"田园家长学堂"的课程结构。依托"田园家长学堂"等实践,加深了我园家长对田园教育理念的理解。近年来,家长对幼儿园的满意度保持在98%以上。

（4）成果在上海乃至全国影响力显著。近年来,我们在全国、市区级层面累计举办50多次展示活动。2018年,本研究成果作为上海市中小学校、园（长）暑期培训课程的内容之一,在市级层面推广我园特色课程的建构经验,获得校、园长的一致好评。2019年,在全国园长大会、上海市学前教育年会、市级课程领导力项目幼儿园学段展示活动、浦东教学展示周等各论坛分享特色课程建设、课程领导力项目研究等经验,累计接待全国、全市同行的观摩交流5 000多人。

2017年起,我园依据研究成果,开设"十三五"教师继续教育培训课程《基于儿童权利视角下田园实践活动的探索》（30课时）,共进行了5轮培训。我们的研究成果也得到同行和姐妹园的赞誉,与浦东新区新场、方竹、金桥等幼儿园结对,指导其课程建设,或成为上海市一级幼儿园,或在全区进行展示活动等;也与浙江义乌的幼儿园开展带教工作,让更多的孩子从我们的课程中收益;同时,我们也向闵行、奉贤、杨浦等区的姐妹园开放课程环境和实践活动,促进姐妹园办园品质和课程领导力的提升。

《上海课程教学研究》《上海托幼》《浦东教育》等平台对本研究成果进行宣传和推广。2018年8月,《上海托幼》刊登专栏文章《都市里的"田园"——记浦东新区锦绣博文幼儿园》,将我园喻为"家门口的好学校"。

（二）不足与展望

1. 强化"问题意识"与"循环改进"

幼儿园课程建设并非是一劳永逸的,而是一个不断更迭与完善的持续过程。在过程中,及时捕捉实践中出现的问题,并基于问题思考对策,及时纠偏调整,并再度付诸实践,重新检验……如此循环往复,才能让课程日趋完善。

2. 关注"儿童权利"与"多元主体"

幼儿是课程之本,在课程实践过程中要充分尊重儿童的参与权与发展权,认真倾听来自儿童的声音,才能做到不忘初心。除了幼儿,教师是课程实施的主体,家长是课程实施的合作伙伴,他们的想法与需求是课程设计非常重要的信息来源,必须给予重视与采纳,方能激发后续课程实施过程中的积极性与主动性。

普通高中学科德育体系构建与实施的校本实践^①

何晓文　李志聪　袁　军　张华瑞　周敬山　魏国良

新世纪以来,国家对整体推进学科德育、改革普通高中育人方式、健全立德树人落实机制等持续提出明确要求。华东师大二附中在 2003 年率先开展校本学科德育探索,历经"学科化""一体化""体系化"三个阶段,形成了具有鲜明校本特色的学科德育体系。

一、问题的提出

新世纪以来,特别是中共中央、国务院和上海市推进加强和改进青少年思想道德建设以来,《中共中央国务院关于进一步加强和改进未成年人思想道德建设的若干意见》、教育部《关于整体规划大中小学德育体系的意见》《上海市学生民族精神教育指导纲要》和《上海市中小学生生命教育指导纲要》等系列文件,都在"围绕培养什么人,怎样培养人,为谁培养人这一根本问题"上,要求推进教育教学改革,"加快补齐教育短板",把立德树人融入思想道德教育、文化知识教育、社会实践教育各环节中。

至 2019 年,中共中央办公厅、国务院办公厅印发《关于深化新时代学校思想政治理论课改革创新的若干意见》,要求"整体推进高校课程思政和中小学学科德育,深度挖掘高校各学科门类专业课程和中小学语文、历史、地理、体育、艺术等所有课程蕴含的思想政治教育资源",对中小学开展学科德育做了更加明确的具体要求。

德育只有进入学科教学主阵地,融入课堂教学主渠道,才能真正充分发挥学校

---

①　本教学成果获得 2021 年上海市优秀教学成果奖二等奖。

教育育人为本、德育为先的育人作用。而传统学校德育形成了相对固定的模式，即德育由德育教导和班主任辅导员负责，思政课教学由专门思想政治课教师负责，德育活动以班会和主题教育为主，客观上形成了德育和教学"两支队伍"、德育和学科课程教学相互"割裂"脱节的现象。受学科中心主义和应试教育的影响，学科教学中"重育分，轻育人"现象仍大量存在。学校教育的主要阵地是课堂教学，但其应有的育人作用并未得到充分有效发挥。学科教学的突出地位决定了只有牢牢抓住课堂教学的"牛鼻子"，才能从根本上解决学科教学首先是"育人"还是"育分"的问题。

华东师大二附中从本世纪初开始，在拔尖人才早期培养过程中，是最早深刻认识到学科德育重要育人价值和独特作用的一线基层学校之一。如何充分发挥学科课堂教学的育人功能和作用，破解传统学校教育中长期存在的德育游离于学科教学主阵地之外、德育课程单兵作战、学科教学重智轻德等问题，系统性解决学科教学"育德功能缺失"，加快补齐学科德育的"空白"和"短板"，做学科德育的领先探索者和创新实践的排头兵，成为学校在教育教学改革创新实践中必须回答好的时代命题。

二、成果的主要内容

（一）理论基础

成果坚持以马克思主义教育观作为理论基础，坚持辩证唯物主义和历史唯物主义的方法论，贯彻马克思主义关于"人的全面发展"的教育思想。同时吸收建构主义理论、多元智能理论等现代教育理论，借鉴系统论等方法论开展具体研究。坚持以马克思主义中国化最新成果指导实践，特别是新时代以来紧密结合新的时代条件和实践要求，以习近平中国特色社会主义思想指导实践，以立德树人为根本任务，全面开展深化研究和创新实践。

（二）主要观点

1. 学科德育是学校学科课程教学内在的本质要求

让学科德育伴随学科课程教学始终，不仅是国家立德树人的明确要求，也应是每一位教育工作者的教育自觉，是每一位教师所必备专业素养的自然体现。

2. 学科德育有其内在的属性、特点和规律，开展学科德育必须创新育人理念

学科德育与传统的活动型德育、课程化德育活动有鲜明区别，主要表现为与

学科教学特点、教学规律的一致性。学科德育整体上具有共通性,学科中体现独特性,因之其育人价值不可缺失、无法替代。学科德育要创新育人理念,以"融合"方式达到"润物无声"的效果。

3. 学科德育对于高中阶段基础学科拔尖学生早期培养具有不可忽视的重要作用,培养德才兼备的拔尖人才,必须推进育人方式创新

明确学科志向、产生创新意趣、涵育创新人格、营造发展环境,乃至形成生涯发展方向,都需要推进育人方式创新,发挥教师在学科兴趣激发、文化熏陶、生涯引导、人格魅力影响等方面的价值引领作用。

4. 教师的师德素养、知识结构、教学能力、人格魅力是影响学科德育成效的关键因素

教师自身的理想信念、家国情怀、责任担当和服务意识等情感、态度、价值观,及其对学科体系中知识和价值的整体把握能力、能动地利用教学资源的能力和人格魅力,对学科德育效果产生直接影响。

5. 育人机制创新是加强学科德育体系化建设,持之以恒地推进学科育人的关键

学科德育体系化建设,注重目标协同、内容协同、实施协同、评价协同,促进学校将学科德育和学校德育、学校教育融为一体。

(三)进展和突破

一是在学科德育探索实验期,领先开展全体教师校本研究,率先推出了学科德育校本探索实践成果。汇集于《学科德育的探索与实践》(华东师大出版社,2005)中关于学科德育的基本内涵、实施路径、教学策略等,为处于摸索实验阶段的学科德育校本实践提供了可资借鉴的有效模式。该成果是我国较早出版的学科德育校本研究实践著作成果。成果的教学形态在学校举办的上海市中小学"两纲"现场推进会向全市作了展示推广。

二是在学科德育的整体推进期,基于一体化理念厘定高中阶段学科德育内容坐标与价值方位。在"大中小学德育课程一体化建设研究"的攻关阶段,经由学校承担的上海市学校德育决策咨询课题"社会主义核心价值观分学段实施研究"成果,在整体研究中小学各学段价值观教育基础上,厘定了高中阶段学科德育价值方位和主要策略,推进了学校学科德育的一体化意识和一体化实践能力,

成果在全市决策咨询、政策制定、经验总结、深化推进中发挥了积极作用。

三是在学科德育深化实施期,构建了学科德育实施体系和运行机制,形成了目标、课程、资源、实施方式、可持续发展机制等组成的体系化成果。促进了"知识型"教学,向"知识与技能、过程与方法、情感态度与价值观"转型、"必备品格和关键能力"转型,"德才一体化"培养内涵不断丰富,学科德育课内外、校内外实践渠道不断拓展,人才培养质量不断提高。

四是在理科德育研究方面取得重大进展。面对各学校普遍面临的理科德育如何实施难题,如何改变"师生之间传知识与受知识的线性关系"(于漪),学校以学科具体研究和理科整体研究相结合方式开展攻关,提出了理科德育的整体特征、实施方式和各门学科建议。正如人民教育家于漪在学校《中学理科德育问题研究》(华东师大出版社,2008)成果"序"中所说:"从理论和实践结合的高度开展研究,有理有据,又生动、鲜活的事例,有不少闪光的精彩的篇章,启人深思,可资借鉴。"

五是在促进拔尖创新人才培养方面取得重大进展。基础学科拔尖学生早期培养、创新人才早期培养直接关系国家发展和民族未来。而学科德育在培养学生的"科学精神、科学态度、科学方法、科学道德"方面起着不可替代的独特作用。学校勇挑重担、敢于担当,以《德育引领创新——华东师范大学第二附属中学创新人才培养的探索与实践》成果(华东师大出版社,2009)明确了德育(特别是学科德育)在高中创新人才培养中的独特价值和重要作用,并在人才培养实践中取得显著成效,成果受到领导和决策部门的高度肯定。

三、效果与反思

(一)学科德育经由对学科课程教学内涵、形式、价值的重新审视,重塑了课堂教学生态,使课程教学焕发出新的生命力,有效提高了人才培养水平和质量

长期教育教学实践证明,破解传统德育难题,切实提高学校德育针对性和实效性的办法,是学科德育。学科教学内涵的拓展性,引发教学形式的丰富性,德育与学科知识"共生"的"增值性学习",使学生明志向、展特长、施所学。18年的实践清晰显示,"希望社会更美好""为国家尽一份力",成为学生最直接、最朴实的心声。学生运用学科所学,在攀登国际奥林匹克竞赛高峰中为国争光,在党的

一大会址、宋庆龄纪念馆等全市志愿服务场所开展志愿服务,在社区调研中献计献策。不少学生在高中期间志愿服务达 500 余学时。

(二)提升了全体教师的育德意识和育德能力,推动教师实施学科德育从"有意识探索"向"无意识习惯"转型

学科德育是一场课堂教学变革。无论在解决"进课堂"问题阶段,还是以"一体化研究"解决内容和价值观教育的科学性问题阶段,教师都是贯穿始终的根本和关键。学科德育的育人方式,进一步提升了全体教师的师德素养,激发了教师的德育自觉,促进学科德育从"有意识行为"向"无意识习惯"转型。

(三)学科德育体系构建与实施提高了学校德育整体水平,推动了育人方式改革

由思想政治课程、其他学科课程、校本选修(拓展研究)课程、综合实践课程组成的学科德育课程体系,打通了学科课堂内外、学科之间、学科德育与学校德育的内在联系,注重"理论与实践相结合、育德与育心相结合、课内与课外相结合、线上与线下相结合、解决思想问题与解决实际问题相结合",使各类课程同向同行,形成协同效应。

(四)发挥了示范辐射和引领作用,产生了广泛的社会反响

学校的学科德育成果,获得了政府、社会的广泛关注。由上海市教委命名、我校教师主持的市级学科德育实训基地,有"上海市中学德育管理一体化研究实训基地""上海市学科德育科研实训基地""上海市高中历史学科德育实训基地""上海市中学创新教育研究德育实训基地",此外还有"上海市中小学班主任带头人工作室""上海市高中地理学科德育实训基地"(与外校联合主持)和浦东新区"政治教师培训基地"等。

自 2005 年起至 2021 年,国内各类媒体持续报道学校在学科德育探索实践方面取得的成绩。2007 年在学校召开现场推进会以后,学校在学科德育方面的探索实践引起了更广泛的关注,《人民教育》《解放日报》《文汇报》《上海教育》等各类媒体以"育人细无声 华东师大二附中德育探索纪实"等为题,对此做了深入报道。

开展学科德育探索实践以来,学校的德育工作受到党和国家领导人以及上海市委主要领导的多次肯定和勉励,对学校长期坚定地推进实施学科德育发挥了重要的推动作用。

知行合一的高中思想政治课程
智慧育人模式二十年实践①

孟祥萍　苏百泉　袁　军　华　厦　李小鹏　石　超

一、问题的提出

(一) 主要动因

1. 学生学习过程中"知、信、行"转化难题：智慧育人模式探索与实践的持久动力

学生发展是一切教育的根本价值。长期以来,高中生在思政课程学习中呈现出知而难信、信而难行的问题。一方面,信息时代学生接触到的信息庞杂,甚至一些不符合主流价值观的观点会对学生的政治信仰产生冲击。另一方面,高中生思维较为感性,且知识储备不足,一定程度上很难真正理解党的路线方针政策,更难做到"转知成信""化信为行"。为了真正实现思政教育入脑入心,探寻"知信行转化"的机制和路径,探索知行合一的思政课教育模式具有重要意义。

2. 教师成长需要：有效提升思想政治课教师教书育人能力是智慧育人模式探索与实践的迫切要求

教师是教育工作的中坚力量。在应试教育为主的时代,教师更多的是关注学生的分数,既没有为学生传授更多教材外的知识,也很少关注其是否认同知识、形成信仰,更缺乏对其是否于实践中运用知识、提升能力的追踪。为了更好地发挥思政课教师的积极性、主动性、创造性,有效提升育人能力,探索有效的育

---

① 本教学成果获得 2021 年上海市优秀教学成果奖二等奖。

人模式对教师而言尤为重要。通过育人模式的构建可以为思想政治课教师终身专业成长提供持续性、综合性的支撑。

3. 课程建设需要：坚持思想政治课的意识形态属性是智慧育人模式探索与实践的根本遵循

高中思政课程是落实立德树人根本任务的关键课程。这门课程不仅仅在于讲授马克思主义的基本原理及其中国化的最新理论成果，而且要引导学生逐步树立共产主义远大理想和中国特色社会主义共同理想，坚定中国特色社会主义道路自信、理论自信、制度自信、文化自信，基本形成正确的世界观、人生观、价值观。为了将立德树人根本任务深入贯彻落实，坚守意识形态教育的主阵地，探寻具有学科时代特点与校本传统的高中思想政治课程育人模式势在必行。

（二）研究问题

1. 理清"知、信、行"转化的机理及实践路径

长期以来，学生在思想政治课学习中尚未达到知、信、行有效统一。本研究聚焦"知、信、行"转化这一思想政治教育的核心问题，研究其背后的学理依据，并通过实践探索合适的"知、信、行"转化机制。

2. 创设兼具学科时代特点与校本传统的思政课智慧育人模式框架结构

本探究需要着力解决思想政治课需要建设何种课程资源、各类课程资源应承担什么功能及彼此关系等问题。在寻找这些问题答案的时候，我们将力图构建既融合学科时代特点与学校特征，又具有推广价值的思政课智慧育人模式框架结构。

3. 建立思政课智慧育人模式建设的校本化保障机制

围绕国家课程进行扎实的校本化落实，需要建立健全的保障机制。本探究试图探索如何从学校和教研组层面创造条件、营造氛围、打造环境，建立具有普遍价值的校本化课程建设保障机制。

二、成果的主要内容

（一）智慧育人模式探索与实践的理论基础

以习近平新时代中国特色社会主义思想为指导，以促进知行合一作为提升思想政治课程立德树人、铸魂育人功能的突破点。以哲学家冯契先生"智慧说"

为学理基础,将之灵活运用于思想政治课程探索与实践。"智慧育人模式"把"化理论为方法,化方法为德性"作为课程实施的核心方法,逐步形成了"智慧育人模式"的课程设计理念和方法。

（二）智慧育人模式探索与实践的实施策略和实践模型

1. 实施策略

（1）坚持问题导向,逐步探索形成完整的育人模式。

我们始终坚持问题导向,从学生和教师需求出发,一步一个脚印,在总结阶段性经验的同时反思存在的问题,找到继续进步的空间,最终通过边做边学,形成由点到线再到面的完整智慧育人模式。

（2）集中研讨问题方案,组成课程探索与实践共同体。

组织政治教研组教师集中研讨,针对学生发展中的问题,从课程建设、教学方式及保障机制等方面进行多维度剖析,确定课程探索与实践方案。组内老师充分讨论后形成分工合理、协作推进的课程探索与实践共同体。

（3）推进课堂教学实践,不断完善课程资源。

通过定期组织团队成员集中研讨,交流课程实施经验,全方位分析课程实施后的效果,不断完善课程资源探索与实践,提升育人效果。

2. 实践模型

智慧育人模式体系的构建从学生多样化、多层次的需求出发,经历"调查研究,发现问题——实践探索,资源建设——总结经验,提炼模式——完善模式,评价推广"四个阶段,最终实现立德树人的根本任务。

第一阶段:调查研究,发现问题。

围绕"知情意行"的德育过程,面向师生进行调查、访谈,了解师生的实际问题和发展需求,以此为基础进行教学探究,聚焦思政教育"知、信、行"转化这一核心问题。

第二阶段:实践探索,资源建设。

关注导行:以丰富社会实践活动为着力点的导行模块建设。把丰富社会实践活动作为着力点,打造学生喜闻乐见的社会实践活动。如"模拟联合国""模拟政协"学生社团;探究性学习指导;学生社会考察等。

立足拓知:以拓展课程建设为着力点的拓知模块建设。根据思政课的综合性特征,加强拓展课程资源建设。开设《国内外热点问题研究》《走进古代大思想家》《哲学家说些什么》《社会中的性别》等拓展课。

注重增信:借鉴"智慧说"以实现知、信、行贯通的增信模块建设。随着拓展课程的常态化开设,还要融入理想信念,增进政治认同,开发《价值观有力量》《马克思主义经典原著导读》等课程资源,打造"增信模块"。

同时建立保障机制,提供经费保障、课时保障和场地保障。

第三阶段:总结经验,提炼模式。

打造"增信模块"的同时,总结实践经验,同时反思存在的问题,边做边完善,提炼出思政课智慧育人模式。

第四阶段:完善模式,评价推广。

从解决"知、信、行"转化问题的角度对该模式进行评价,并在实践中不断完善。在该模式相对成熟后向更多学校推广。

(三)思想政治误智慧育人模式探索与实践的主要进展

1. 思想政治课智慧育人模式的课程资源整体框架

在智慧育人模式理念指导下,通过调研和对前期经验的梳理总结,经过论证,形成了思政课智慧育人模式的课程资源整体框架(见图)。

思政课智慧育人模式的课程资源整体框架

如图所示,依据智慧育人模式理念,围绕国家课程——思想政治课进行的课程资源一共由拓知、增信、导行三个模块组成。

"拓知模块"立足于拓展思想政治课相关知识,是从政治学、哲学、经济学、法学、逻辑学、金融学、社会学、人类学等领域开设的综合性通识课程。如哲学方面的《走进古代大思想家》《西方哲学史》《哲学家说些什么》,政治学方面的《政治学入门》《国际热点问题中的政治学》《传统中国的政治智慧》,经济学方面的《市场营销》《经济学家的智慧》《经济学通识》,法学方面的《法治思维知与行》,社会学方面的《社会中的性别》,研究方法方面的《社会科学研究方法》等。

"增信模块"立足于"转识成信"。围绕"中国特色社会主义"这一主题,结合国家建设成就开发课程资源。如"中国系列"课程《价值观有力量》《马克思主义经典原著导读》等。

"导行模块"立足于"化信于行",通过各类学科活动和社会实践培养学生的学科素养。包括:①"赛智社"(商业经营类社团)、"模拟联合国""模拟政协""模拟人大"等学生社团活动。②"假如我是人大代表""年度社会考察"等社会实践活动。

2."智慧育人模式拓知模块"建设和实践的典型案例

(1)选修课《哲学家说些什么》的建设和实践。

《哲学家说些什么》是一门向高中生介绍世界哲学的哲学入门课。本课程以讨论哲学问题为主轴,阅读哲学文本为主要活动载体,向学生介绍形而上学、逻辑学、知识论、伦理学、政治哲学等数个哲学分支。通过本课程的学习,学生能大致了解哲学家的运思方式、哲学发展的大致脉络,激起学生热爱智慧、热爱思考的理智精神。

(2)研学课《社会科学研究方法》的建设和实践。

本校"六个百分百"包括百分之一百的学生完成一个小课题。多年来组内老师积极参与学生小课题的指导,指导的学生课题有数百个获市、区科技创新比赛奖项。指导学生课题过程中,我们逐渐认识到社会调查、数据分析、课题报告写作等研究素养对培养青少年科学研究能力十分必要,从而开发了《社会科学研究方法》研学课。

课程内容涵盖从选题、开题,到研究方法、数据分析、课题报告撰写、课题申报的研究全流程,给予学生系统性指导。课程形式从线下逐渐发展为线上线下相结合,目前已开发七十多节微课并形成专著《探究性学习教学示例》。

3."智慧育人模式增信模块"建设和实践的典型案例

(1)"中国系列"课程《价值观有力量》的建设和实践。

《价值观有力量——和中学生谈社会主义核心价值观》围绕社会主义核心价值观的十二个方面组织教学内容,邀请校内外教师共同担纲。目前该课程已成为上海市"中国系列"课程的重点建设课程。即将形成公开出版的课程微课及讲义。

（2）拓展阅读课《马克思主义经典原著导读》的建设和实践。

专业文本阅读与分析是一项关乎学生未来发展的重要素养。我们开发了《马克思主义经典原著导读》拓展阅读课。这门课的开发经历了三个阶段：首先，组内教师共同打造一门社科拓展拼盘课《社会科学经典原著导读》；其次，围绕国家基础课程，选择古今中外名家的论著编写与教材配套的拓展阅读材料；再次，将拓展阅读材料修订为《马克思主义经典原著导读》的材料和讲义，开设拓展阅读课。

4. "智慧育人模式导行模块"建设和实践的典型案例

（1）综合实践课程"模拟人大"的建设和实践。

"模拟人大"是我校"假如我是人大代表"实践活动的升级版。活动形式与"模拟联合国""模拟政协"类似。由于我校有成熟的"模拟联合国"学生社团，故"模拟人大"作为"模拟联合国"的特殊委员会开展活动。

（2）学科社会实践课程"社会考察"的建设与实践。

"社会考察"活动鼓励学生走出校园了解社会，走进工厂、公司、经济组织、事业单位、政府机关、社会团体开展社会考察。学生自选主题，小组合作深入单位内部参观访谈。考察结束后填写"社会考察记录表"，由受访人员签字。学生撰写考察报告，由专家对学生的考察报告进行评审并评奖。

5. 思想政治课智慧育人模式建设保障机制的建立

首先，学校建立了从课程申报、学校评审、学生选择、课程实施，到课程评价和激励、成果精细化等一系列、全流程的保障机制。其次，学校解决了课程资源建设中的核心问题——时间问题，安排了多个时段。如每周五下午有两节选修课、每周一下午有一节社团活动课、双周周二周三下午一节研学课、暑期卓越学院的"博雅营""活动营"以及网络微课。再次，学校建立了课程资源推广机制，支持教师公开出版教材，支持教师面向集团学校学生开课。

三、成效与反思

本成果取得的实际效果：

1. 学生思想政治学科素养普遍提升

学生的学习需求得到更好满足。拓知模块使学生开阔了视野，培育了科学精神,对学生专业选择和学涯规划都产生积极影响。《价值观有力量》《马克思主义经典原著导读》等增信模块坚定了学生的政治信仰,很多学生递交入党申请书,成为入党积极分子。导行模块中,学生通过"模拟人大""社会考察"等广泛参与公共活动,提升了社会责任感。

2. 教师教学育人专业素养不断发展

教师的专业素养得到明显提升。每位教师都可以围绕国家课程自主开发课程资源。教师课程建设和教学水平普遍提升。教师形成很多教研成果,如各级精品课程、课程资源公开出版、各级各类公开课与教学设计参赛获奖、相关课题成果获奖、论文公开发表等。

3. 学校课程资源开发能力得到提高

参考思政课智慧育人模式的有益尝试,学校进一步推进学科德育和全方位德育的实践。成果研究团队不仅直接参与学校德育实践,还为学校育人活动提供了经验。如党建社团"晨晖社"有多位政治组教师参与;学校的各级各类德育课题得到政治组教师的支持。

4. 成果得到推广并取得良好的社会影响

专著《追寻智慧:思想政治课智慧教学探索与实践》《探究性学习教学示例》产生广泛的社会影响,《价值观有力量》已作为上海市"中国系列"课程在全市学校重点建设,智慧育人模式在浦东新区做全区展示交流,多门课程已辐射到华东师大基础教育集团学校。本校举办的"模拟联合国(含模拟人大)"活动每年吸引全国几十所学校的上百名代表参加,知行合一的思想政治课程智慧育人模式通过讲座、交流会和公开发表论文向同行推广,为大幅提升高中思政课育人成效发挥了示范引领作用。

童心教育：小学心理育人的校本实践[①]

张蕊清　王佩红　蔡晓蓉　张　悦　陈建萍　经彩凤

本成果秉承"童心为本"的教育理念，以"全员全过程全方位"的心理育人为抓手，旨在激发儿童的"好奇心、求知欲、创造力"，减少急功近利的"内卷化"教育导致儿童的"成人化"倾向，全力打造童心教育。

一、问题的提出

教育要基于儿童，发展儿童。儿童期是智力发展最快的时期，保持童心是6—12岁孩子心理发展的需求。开展童心教育，以儿童的自然天性为起点，呵护和培育儿童的成长之美，对儿童的发展具有特殊的价值和意义。然而，成人漠视童心，教育误解童心，往往将童心视为幼稚而无用的存在，教育"内卷化"日趋严重，急功近利的教育导致孩子未少先成。童心教育旨在终结儿童的"成人化"倾向，回归儿童本真，保护儿童的好奇心、求知欲和创造力，把对儿童的教育工作转到"童心为本"上来。

教育应养护童心，使童心繁盛。针对小学童心课程建构不系统、童心课堂建设不力、实施缺乏整体性等问题，为贯彻落实《中小学心理健康教育指导纲要》，上海市浦东新区育童小学倡导教育要回归儿童本体，立足尊重生命规律、维护成长权利、呵护健康成长，历经"酝酿构建——实践探索——完善提高"三阶段，在自信教育、生命教育、父母效能训练、基于童心的课堂心理环境建设等十余年心理健康教育的特色实践基础上最终形成本成果，为学生的身心健康保驾护航。

---

① 本教学成果获得 2021 年上海市优秀教学成果奖二等奖。

二、成果的主要内容

本成果涉及培育童心和践行童心教育的完整体系,主要包含五个内容:提出童心教育的理念、建构童心教育的课程体系、建设基于童心的课堂心理环境、确立童心课堂的评价指标、建立整体推进的童心教育实践机制,如图1所示。

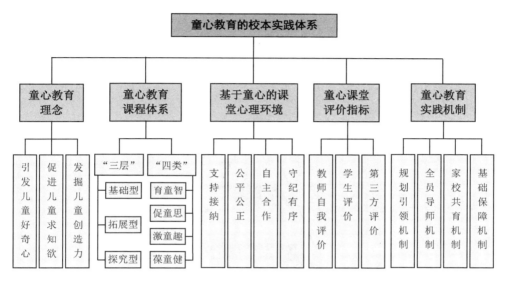

图1 童心教育的校本实践体系模型

（一）提出童心教育的理念

在教育实践的经验基础上,育童小学明确地提出了童心教育的理念:遵循儿童生命发展的次序,引发儿童好奇心、促进儿童求知欲、发掘儿童创造力,如图2所示。童心教育并不是把童心教给学生,而是要尊重和认可学生原有的宝贵的童心,帮助其永葆童心。童心教育关注儿童的成长,追求"人的发展",倡导全时程、全方位的儿童童心教育。

（二）建构童心教育的课程体系

课程体系是实现培养目标的载体。童心课程是在童心教育的理念下形成的具有实践价值的学校发展方式。童心课程不仅秉承童心教育的真谛,同时

图2 儿童童心的构成要素

整合课程本身独有的目标,形成童心教育的课程体系:在国家课程目标的基础上和学校童心教育理念的指导下,童心课程的设置突出对"好奇心""求知欲""创造力"的培养。在以学科为基础的课程中实现能力的培养,在以活动为基础的课程中突出知识的转化与实践应用能力的培养。

学校聚焦童心要素,整体规划课程,努力通过校本课程的开发与建构,形成以"童心"为主题的立体多元的课程文化,建构"三层四类"课程体系。围绕"三层四类",打造校本课程。"三层"分别是:面向全体的基础型课程、面向部分的拓展型课程、面向个体的探究型课程;"四类"分别是:育童智、促童思、激童趣、葆童健等四个领域,总计 12 个课程模块,如图 3 所示。

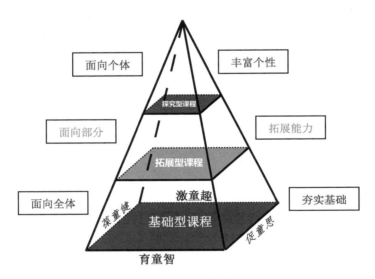

图 3　童心教育课程模型图

童心课程的调整是对课程内容的整合与精选,而不是一味叠加。将国家课程与校本课程有机整合成一个新的复合型整体,强调其内在的联系:基础型课程强调基础知识和学力的提升,夯实儿童的基础知识;拓展型课程从能力拓展性入手,实现基础性与能力的提高,符合儿童成长的需要以及学科发展的需要,寓教于乐;探究型课程以活动的形式推动了各学科知识的综合与联动,丰富儿童的个性,促使儿童全面感受童心课程的文化。按照 12 个课程模块,设计相应的分类科目,建立特色童心教育的校本课程体系,如图 4 所示。课程以多元化层次体现

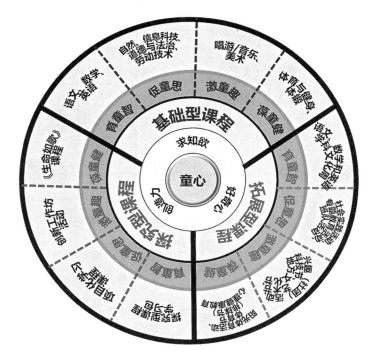

图 4　童心的教育课程体系

课程内容的灵活性,鼓励儿童积极参与课程,让学生在童心课程中变得主动。

（三）建设基于童心的课堂心理环境

基于童心的课堂心理环境从保护、唤醒儿童的好奇心、求知欲、创造力出发,促使课堂参与者(教师与学生)的人格特征、心理状态和课堂心理氛围向善、向上、积极,从而创设良性的师生互动,调动学生的积极情绪,促进学生心智健康成长。通过激发学生的"好奇心、求知欲、创造力",形成和谐师生关系的课堂氛围,促进儿童积极心理品质的发展。在课堂心理环境中,"教—学"互动的比重较大,教师与学生互动而产生的学生对教师的感知占据重要的影响地位,课堂环境中的各因素共同对儿童的童心产生影响。根据课堂心理环境在教师与学生互动中的具体表现,在实践操作中,课堂心理环境具体化为教师期望知觉、教师自主支持、课堂公平感知、学业情绪和班级环境,如图 5 所示。

在实践探索中,以上述学生对课堂心理环境的感知为测量对象,建构基于童心的课堂心理环境的构成要素,打造支持接纳、公平公正、自主合作、守纪有序的

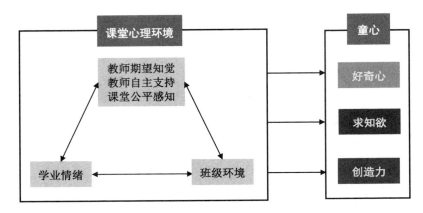

图 5　课堂心理环境影响儿童童心发展的模型图

图 6　基于童心的课堂心理环境构成要素

课堂心理环境是育童小学童心教育成功的关键，如图 6 所示。

在教学实践中，教师积极开展课堂教学探索。学校通过组织教学展示为全校教师搭建了一个互观互学、共学共研的平台，进一步提升了全体教师的育人育心能力。每位教师抓住童心课堂心理环境的构成要素，撰写课堂教学案例，进行专题教研活动。在课堂中，学生经历了自学、质疑、解惑的过程，通过探索及合作交流的方式，学生学习变得更生动，打造出富有童真的童心课堂。

（四）确立童心课堂的评价指标

童心课堂教学评价坚持"童心为本"的教育理念，从教师自我评价、学生评价、第三方评价三个视角，确立了童心课堂的"四等级"评价体系。以学生在课堂教学中呈现的状态，特别是以"引发好奇心""促进求知欲"和"发掘创造力"为参照来评价教师的课堂教学质量，以"支持接纳""公平公正""自主合作""守纪有序"的课堂心理环境为参照来评价教师营造的课堂环境，以此促进教师教学方式和学生学习方式的优化，形成有良性师生互动与和谐师生关系的课堂环境，促进儿童积极心理品质的发展,实现师生的共同成长。例如,学生版的评价表如表1所示。

表1 基于童心的课堂心理环境课堂教学评价表——学生评价

<table>
<tr><td colspan="9" align="center">基于童心的课堂心理环境
课堂教学评价表(学生评价)</td></tr>
<tr><td>教师</td><td colspan="2"></td><td>学校</td><td colspan="2"></td><td>授课班级</td><td colspan="2"></td></tr>
<tr><td>学科</td><td colspan="2"></td><td>时间</td><td colspan="2"></td><td>节　次</td><td colspan="2"></td></tr>
<tr><td>主题</td><td colspan="8"></td></tr>
<tr><td rowspan="2">评价
维度</td><td rowspan="2">评价
项目</td><td rowspan="2">评 价 要 点</td><td rowspan="2">分值</td><td colspan="4" align="center">评 价 等 级</td></tr>
<tr><td>A
1.0</td><td>B
0.8</td><td>C
0.6</td><td>D
0.4</td></tr>
<tr><td rowspan="2">教学
目标</td><td>目标
制定</td><td>1. 老师讲课思路清晰,表达准确,重点突出</td><td>5</td><td></td><td></td><td></td><td></td></tr>
<tr><td>达成
情况</td><td>2. 我能够听懂并充分掌握老师所讲的知识</td><td>5</td><td></td><td></td><td></td><td></td></tr>
<tr><td rowspan="7">教师
行为</td><td rowspan="3">教学
组织</td><td>3. 老师在上课的过程中会有意识地激发我们的好奇心</td><td>10</td><td></td><td></td><td></td><td></td></tr>
<tr><td>4. 老师会创设有趣的问题情境,使我的学习兴趣高涨</td><td>10</td><td></td><td></td><td></td><td></td></tr>
<tr><td>5. 老师会引导我们从不同的角度思考问题,培养我们的创造力</td><td>10</td><td></td><td></td><td></td><td></td></tr>
<tr><td rowspan="4">课堂
评价</td><td>6. 在课堂中,老师通常都会非常耐心地给我们讲解问题</td><td>10</td><td></td><td></td><td></td><td></td></tr>
<tr><td>7. 每个学生在课堂中都拥有公平的发言和表现机会</td><td>10</td><td></td><td></td><td></td><td></td></tr>
<tr><td>8. 在课堂中,老师会鼓励并表扬我们与其他同学之间的合作</td><td>10</td><td></td><td></td><td></td><td></td></tr>
<tr><td>9. 老师能很好地应对我们的情绪,维持良好的课堂秩序</td><td>10</td><td></td><td></td><td></td><td></td></tr>
</table>

续 表

评价维度	评价项目	评 价 要 点	分值	评价等级			
				A	B	C	D
				1.0	0.8	0.6	0.4
学生行为	学习状态	10. 我很喜欢该老师的课程,并能在课堂上积极思考,与老师同学积极互动	10				
	学习效果	11. 我在学习的过程中感到快乐,并能用不同的方法解决问题,有很大收获	10				
总体评价							
总分		等第		评议人			
备注	累计得分90分及以上为优,80—89分为良,60—79分为中,60分以下为差。						

（五）建立整体推进的童心教育实践机制

我校从规划引领机制、全员导师机制、家校共育机制、基础保障机制"四阶梯",整体推进童心教育实践,如图7所示。

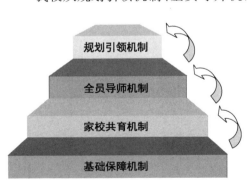

图 7　童心教育实践机制

规划引领机制:践行童心教育的理念是我校现在及未来各项规划的根本导向。童心教育是我校努力打造的特色,在新五年（2021—2025）发展规划中,我校以"教育好每一位儿童"为办学理念,以"追随童心成长,培育生命力量"为办学目标,以培养"身心健康、基础宽厚、自主自立、特长初露"的学生为育人目标,努力办成一所质量稳定、发展和谐、特色鲜明的家门口好学校。学校结合新一轮发展规划,进一步明确童心教育的内涵,拓宽童心教育的内容,深化童心教育的组织方式,优化童心教育的实施策略,竭力保护童心,使生命焕发光彩。

全员导师机制:实行"学生人人有导师,教师人人是导师"的全员导师机制,是童心教育实施的核心措施。育童小学将导师和学生进行结对,每位导师一般负责指导5—8位学生,不超过15位,既要做学生的"良师益友",关心指导他们全面发展,疏解学业压力、增强成长信心,也成为家校沟通的桥梁,缓解家长养育焦虑,引导家长树立正确教育观。

家校共育机制:积极构建学校、家庭、社会一体化的教育体系,是童心教育有效实施的重要支撑。家庭教育是基础,学校教育是儿童成长的土壤。我校为上海市浦东新区心理(家庭教育)分中心,被评为上海市家庭教育示范校,申报了浦东新区家校社合作促进学校治理能力提升实验校项目。学校以项目研究为契机,进一步发展我校家庭教育的指导和实践工作。

基础保障机制:良好的软硬件基础是童心教育实施的保证和后盾。良好的硬件基础:育童小学拥有多媒体教室、学生计算机房、图书室、音乐室、专用舞蹈房、美术室、心理咨询室等专用场所,校园网络畅通,桌椅黑板崭新,多媒体设备齐全完善。良好的师资基础:学校现有教职工72人,教师年龄结构合理,中青年教师占多数,形成以中青年骨干教师为主体、业务水平较高的师资队伍。

三、效果与反思

(一) 主要成效

1. 充分落实了童心教育育人为本的根本任务,儿童的童心得到呵护,身心更加健康幸福,在当前我国义务教育阶段"双减"教育教学的进程中具有特别的推广价值

(1) 学生的童心素养得到提高。

上海市中小学学业质量绿色指标测试结果显示,童心教育的实施促使学生有了更强的学习动机、学习自信心和对学校的认同度,激发了学生好奇心、求知欲、创造力;在课堂中的表现也出现了积极的转变,学会互相支持接纳,学会公平公正、守纪有序,与同学自主合作。在人际关系中,与老师、同学的和谐相处程度也有显著提升。

（2）学生在校的幸福感明显提升。

上海市中小学学业质量绿色指标测试结果显示，童心教育的实施促使学生在情绪状态、情绪稳定性和情绪管理能力方面有较为明显的提高，我校家长对学校教育情况的反馈和学校教育的满意度显著提升。

（3）学生的个性与综合素质得到充分发展。

我校学生在各级各类评选活动中充分发展个性与综合素质，获得诸多荣誉。例如，荣获 2020 年全国少儿古诗文朗诵评选活动二等奖，全国青少年科技模型网络系列竞赛活动一、二、三等奖，第四届和第五届上海市古诗文大会"桂冠少年"评选活动二等奖和一等奖，2020 年浦东新区阳光体育大联赛中小学排球技能比赛小学女子组一等奖和男子组一等奖等。

2. 校本童心课程建设有力，促进了教师的专业发展

（1）促使教师在优化教学方式的道路上不断精进。

童心教育促使教师积极优化教学方式。例如，教师通过设计颇具思维价值、引发好奇的问题，引导学生进行探究式学习，使学生的探索精神和求知欲得到激发，自我参与、自我实践的积极性和潜伏的思维活力被充分调动；教师引导学生开展合作式学习，通过教师引导、学生互助、小组互评、集体交流等方式，在师生之间、学生之间建立纵横交错的信息渠道，激发学生的主观能动性和创造力。

（2）促使教师产生有效的教学策略。

基于童心的课堂心理环境建设的研究，促使教师积极探寻有效的教学策略。例如，教师运用头脑风暴法组织教学，即学生围绕一个中心议题，畅所欲言，发表一个个观点；因教师不对观点作任何评价，学生在别人观点的基础上不断提出更加完善的观点，如此课堂呈现积极、活跃的气氛，学生的思考力也得到提高。

（3）促使教师形成激励式的评价主流。

基于童心的课堂心理环境建设的研究，促使教师在教学中运用激励为主的评价方式。教学中教师都具有强烈的意识：要给学生创建一个安全、接纳、友好的学习氛围，评价时要以激励为主，多使用"积分制"，少使用"减分制"。这样不仅可以减少学生的挫败感，更可以保护学生的求知欲和创造力。当学生回答错误时，先对其勇于挑战的态度给予肯定，再使用"锚"式教育，促使学生获得成就感。

3. 童心教育得到社会肯定,产生了积极的社会影响

(1)进行专题新闻报道。

2020 年 11 月,"浦东德育"公众号等媒体以"校长谈德育——以积极课堂心理环境培育童心"为主题对我校的童心教育进行了专题报道。

(2)获得市级和区级奖励荣誉。

学校撰写的童心教育调查报告《小学生的童心现状及其影响因素调查研究》参加上海市中小学幼儿园运用调查研究方法优秀成果评选,分别荣获上海市一等奖和浦东新区一等奖。学校被评为上海市中小学心理健康教育示范校、上海市第四批人文关怀心理疏导示范点,曾创建国家心理健康教育特色校。

(二)反思

(1)童心教育有效带动了学校整体育人模式的改革,为儿童的童心发展和个性成长提供了巨大的成长空间。然而,真正的童心繁荣仅依靠学校课程设计、课堂环境建设等还远远不够,需要教师真正用心理解尚未充分成长的孩子,这对教师的专业发展提出了更高的要求。

(2)"三层四类"童心课程体系的建构需要在深度和广度上加以深化,系统思考学校"童心课程"的特征。可结合"童心课堂"的创建与实践,加强以"童心"内涵为主题的研训活动,建构课程化、系列化的校本培训,突出学生培养目标对课程建设的统领,强化课程与办学目标的关联度,进一步优化"童心课程"框架,加强课程之间的融合。

(3)基于童心的课堂心理环境建设的研究使学校初步形成了以生命教育为主旋律、以童心为切入点的课程图谱,但"童心课堂"的标准和特征还不够明显,操作性和检测性还有待完善,需要在深入实践、研究的基础上做深入的校本诠释。

(4)需要进一步通过践行《家庭教育促进法》,充分发挥我校家庭教育工作的特色优势,贯彻落实"双减"政策,加强家庭、学校和社会三方的联动共育,呵护儿童童心,切实推行童心教育的各项举措,让教育回归本真,助力儿童身心健康。

本成果完整的童心培育体系充分顺应和践行了当前我国义务教育阶段"双减"教育教学的新理念。经过探索与实践,我校童心教育体系的建构会继续立足现实,面向未来,在已经取得成果的基础上,找准差距和问题,深化童心教育的改革,为呵护学生童心、促进学生积极健康成长不懈奋斗。

"初中数学再创造"学习指导实践研究①

张丽芝　徐　颖　沈惠华　曾文洁　严长宜　张小兰

数学源于创造,丰富于创造,其意义更在于创造性地改变生活、改进生产、促进科技与社会的发展。此处"数学再创造"是数学教育哲学,而非教育模式,虽然它最终会落实于一定的教育模式,但不是单一的、固定的,而是发展的、不断优化的。作为一种教育哲学,是指对个人而言新颖的行为和富有意义的解释。"数学再创造"筑基于数学发展史,立足数学学科本质,指出数学教育的根本目的和路径。本项目研究假设是:以问题为核心,学生在教师指导下再创造数学,反思形成新的问题,开始新的再创造,在此过程中实现学生数学意识、数学知识、数学能力的建构与提升;教师的学习指导包括对学生再创造的指导、对反思的指导、对学生合作交流的指导,其原则需落实于数学学科本质。

一、问题的提出

数学是培养创新型人才的重要学科,如何培养学生的数学创新? 师生都需要走出一些误区。

"学数学就是刷题"的误区。学生数学学习被动、学习方式单一、学习效率低。刷题在短期内确实可提升解题的速度与准确率,但也造成学生平时不注重自主提出数学问题、不关注概念学习和知其然而不知其所以然的浮躁心态。刷题造成最重要的问题是学生不会自主提出问题。据调查,学生提问的自信不足,

---

① 本教学成果获得 2021 年上海市优秀教学成果奖二等奖。

对区域14所各类学校八年级1 744位学生调查显示：请学生预习数学课本提问，学生三大困难之一是"没有提问的自信"（接近29%）。

教师教学重知识技能、轻创造性思维培养的误区。课改以来，教师理念发生了很大改变，但惯性使然，教学行为的转变还需在实践改进中逐渐完成。这种"知行不一"的矛盾在TALIS2018的录像课分析与问卷相关分析中可见。

二、成果主要内容

（一）研究假设

本项目研究假设如图1：以问题为核心，学生在教师指导下数学再创造，反思形成新的问题，开始新的再创造，此过程中实现学生数学意识、数学知识、数学能力的建构与提升；教师的学习指导包括对学生再创造的指导、对反思的指导、对学生合作交流的指导，其原则需落实于数学学科本质。其中合作交流既可以促进再创造的生成，也是反思的保障。

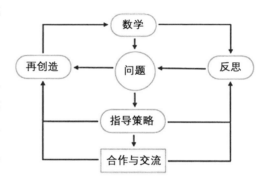

图1 "数学再创造"学习指导研究假设

我们借用"数学学习是通过再创造实现的"之观点展开实践研究：使学生在数学再创造的过程中形成符号化、简洁化、形式化、抽象化的数学思维；以优化的情境（包括生活情境或数学情境）引导初中生创造性地学习数学，培养数学自主建构的意识、习惯与能力，提升数学学习有效性。

我们提出"数学学习应该是在再创造中生成的，再创造的关键是问题意识和反思能力"的观点，形成"问题—再创造—数学—反思"链；通过循环改进的课例研究，梳理指导学生再创造的路径和要点。确定数学史与单元整体教学两个重点方向：数学发展史是再创造的重要来源；单元整体教学是重要实践路径。引导学生经历数学再创造的过程，体会可发展的数学，借古人的智慧形成自己的经历，在不断的反思中站上数学的新高度。单元整体教学重点关注数学与生活的关联、新知与旧知之间的关联、课内与课外的关联、技术与数学学习的关联。总结了创造与反思性学习流程,明确了初中生学习指导的 3 条路径(再创造、反思和合作交流)和 18 种策略。

我们得到以下结论:"再创造"观点下的初中数学教学要以情境为起点,激发学习动机;以问题框架为支撑,鼓励自主提出问题;以数学思想为核心,实现"数学化";以反思为路径,引导思维再升华。合作与交流是反思的源泉,小组学习是重要学习方式。

(二) 创造是数学的本原

数学源于创造,丰富于创造,其意义更在于创造性地改变生活、改进生产、促进科技与社会的发展。

本课题认为"数学再创造"是数学教育哲学,而非教育模式,弗莱登塔尔所言的"数学再创造"是指对个人而言新颖的行为和富有意义的解释。虽然它最终会落实于一定的教育模式,但不是单一的、固定的,而是发展的、不断优化的。

作为一种教育哲学,"数学再创造"筑基于数学发展史,立足数学学科本质,指出数学教育的根本目的和路径。

弗莱登塔尔与杜威都重视知识的情境性和综合应用性,然而数学发展史上"应用的荒漠期"恰恰对应于初中数学,而应用的"荒漠"又孕育着思维的"巨大油田"!

创造的本质就是组合与选择,再创造的路径就是学生思维可视化的过程。我们重点关注情境与动机、结构与问题两大路径和思想与方法、反思性学习这样几个关注点。

1. 以情境为起点,激发学习动机

情境的设计是丰富多彩的,更多地关注生活、关注跨学科学习中的数学元素,可以更好地把握数学问题的起点。本文重点以数学史和数学游戏为例来说明。

(1)本研究的重要研究内容是对数学史在教学情境中的应用研究,我们重点探索与现行初中数学教学内容(包括中、小学数学教学衔接)密切相关的那些数学史在教育中的实践形态。

放眼世界初中数学教育,很多国家已淡化欧式几何的系统学习,而我们依然执着于此,其思考又在哪里?古代数学史中,中国长于计算、希腊长于几何。这里的"计算""几何"不只是内容与工具,更是一种思维方式和文化传承。计算思维与几何思维是互补的,更有函数思想使二者合二为一。深刻认识到其背后的文化,我们才能够真正融会贯通地认识数学的本质、理解数学创造的源泉。跟着祖冲之、泰勒斯、毕达哥拉斯等数学家们的研究步伐,捕捉他们从纷繁世界逐渐走向数学创造的那点点灵感,思索它们何以汇聚成古代数学的灿烂星河,照耀人类的恢宏历史。本研究注重"中、西两条线并行"的方式,探寻东西方数学各自的优势并取长补短,避免学生盲目的民族文化自信或自悲。

本成果专著从数的发展史开始,浅入深出地梳理小学学习的数学,跳出对"数学知识运用""计算"的追求,体会"数学是创造的"。创造是多点发散的,常常在人意想不到之处;创造又是聚焦的,会把人们看起来毫不相关的东西聚焦于一点,凝练成型。此处试图从最简单的数学现象入手,实现这种"发散性"与"凝练性"的统一。

专著从数、式、几何、函数各选一个点为案例,涵盖初中数学四模块,以点带面说明如何从数学史中架构数学教育走向"再创造"的路径。

(2)以数学游戏增加课堂的活动性。数学无处不在,特别是在孩子们喜欢的游戏的角逐中常常有数学智慧在其中,只要有一双善于发现的眼睛,我们就会像毕达哥拉斯一样发现数学的秘密。好的游戏素材往往是可以反复使用的,比如对 24 点游戏进行深入挖掘,它可以在第一章、第二章、第五章、第九章等多处反复使用,其功能也各不相同。

除了课本的游戏素材,我们还引导学生在幻方游戏中认识数学史,通过汉诺塔游戏和国际象棋的故事来引入大数的表示及指数的概念,通过数独游戏攻略总结引导学生在游戏中观察与思考,通过棋类游戏等引出不同位置的表示、二元数组乃至三元数组……

电视节目中有一档《最强大脑》的竞技游戏,其中含有丰富的数学史与现代数学的信息,如阿基米德 14 巧板、万花尺、柏拉图多面体等,把孩子们对于娱乐明星的关注引导到智力挑战的游戏上,对于孩子们的智力发展与社会情感的正常发展具有积极的作用。

我们以前的数学问题很少涉及"为什么要学习这个内容"这样的学习动机问题,事实上这才是最根本的问题,是引导学生尝试自己提出问题的核心和根本。

2. 以问题框架为支撑,鼓励自主提出问题

当学生有了学习数学的"解题之外的动机",学生便基本具备了自主提出问题的基础。接下来要引导学生学习一些问题框架,给学生机会尝试自主提出问题。

可以说,问题是再创造的核心,多数情况下,问题本身也暗含了一定的研究方向与研究方法。关键在于是教师提出的问题还是学生自发提出的问题。如果是教师提出的问题,那么这里所谓的数学再创造还是以教师的引导为主的再创造;而如果是学生自主提出的问题,那么这种再创造就可以说是学生为主导的再创造了。那么,教师如何引导学生产生研究的问题,这就成为再创造的核心。

进入中学,我们首先要引导的是学生的问题意识:即我们为什么要研究这个问题? 这个背后可能是生活、工作的需要,可能是一个古人遗留下的一个著名的历史问题,也可能是数学内部发展必须突破的一个逻辑障碍。总之,这个问题不是老师强加的,而是有其内在必然性的存在。这种问题意识,可以引导学生形成自己的数学问题。

(1)常用问题框架举例。比如代数相关概念学习的一般问题框架:为什么提出这个概念? 如何下定义? 有哪些例子符合这个概念? 哪些不符合? 如何分类? 有怎样的性质或关系? ……

(2)使用原则。问题框架的使用应先在单元学习过程中,教师有适当的引导,而后逐渐放手让学生构造。比如,第二章分数的问题框架应该是教师带领学生逐渐充实完善,单元后引导学生回顾整章的知识梳理结构图。到第十章分式部分可以在学习之前引导学生通过分数学习的回顾,类比尝试架构分式的问题结构,在此基础上学生就有了一个先行的结构框架,进而可以根据相关概念和关系主动建构一些知识,课堂上再学习相关的知识点就可以很快找到自己在问题结构中的位置,也就可以快速建立关系图谱,实现更全面的理解。

(3)问题评价方法。对于学生提出问题的评价,可以是分步分层的:先鼓励学生提出问题,评价可以从"问了吗""问了几个"这样的视角进行鼓励;以问题

框架规范学生的问题,提升问题表达的准确性、全面性;在学生熟悉了一般问题框架之后,对学生问题的评价应当从新颖性和独创性等方面进行评估,重在鼓励。

3. 以数学思想为核心,实现"数学化"

从符号化到形式化建模,尝试从生活走向数学;从概念分类到问题解决,更关注知识的可生长性;化未知为已知,为现实与目标架一座桥;类比已有经验,形成认知突破;数与形结合,让数学想象插上翅膀。

(三)反思是学习的本质——构建反思层级分类,梳理反思学习指导策略

"反思"一词源自杜威的"反省思维",杜威将其作为思维的最高层次,也是学习形成的唯一路径,不反思无以成学习。本研究中"反思性学习"指向数学学习的元认知,即数学学习的方法与能力。数学反思性学习指学生的数学学习摆脱单一被动的解题式学习,放眼生活与学习,自主提出问题并数学化、设计解决问题的方案,在问题探究中反思、调整,以促成问题的逐步解决、促进数学思维的发展完善,在对数学、对自我认识的不断反思中促进数学学习元认知的自主发展。

"反思性"学习具有四大特征:自主性、探究性、发展性、创新性。除了"提出问题",在学习过程中更多体现在以下三个步骤的七个阶段,见图2。

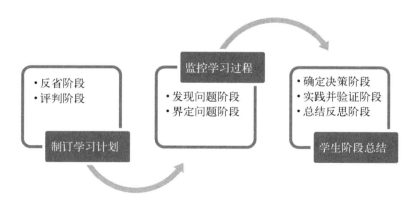

图 2 反思性学习三步七阶段示意图

我们把学生数学学习的基本素养(A)、学生的反思意识与能力(B)各自由低到高分为四个不同层次,以此为二维坐标形成 11 种学习特征,如图3。

	B1	B2	B3	B4
A1	被动困难型	趋主动困难型	主动困难型	感性思维
A2	直觉性思维	一般反思型		
A3		趋理性思维	协调性思维	
A4	高直觉思维		理性思维	超理性思维

图3　初中生数学反思性学习层级图

基于以上分析,我们建构了年级递进的目标系统。

课题基于优秀经验总结,借鉴国际数学教学评价,提炼学习指导的策略和方法。开展数学体验、说题展示、数学阅读、自主编题、小论文写作等丰富多彩的数学活动,帮助学生体验多元学习方法;结合作业错(问)题集,加强数学问题的结构化梳理;基于反复实践与深入跟进,探索单元整体教学方案,提炼有效指导策略;探索能反映学生反思性学习水平的课内外评价方式和适合学习指导的课堂研究方法,学习、创编了系列以实证为导向的课堂研究工具,形成了丰富的课堂教学研究案例。

（四）教师指导策略

不同类型的学生适合不同的指导方式。我们的"学习指导"以多元智能为理论关注两个方面的指导:一是学科内容反思的指导,可通过结构化来引导学生对数学学科内容进行反思,在反思中巩固并形成新的问题,拓展新的视野;二是方法反思的指导,因学习方法常与学科内容密切相关,融合两者形成三大类18个小类指导策略。

三、成效与反思

（一）成效

1. 学生提问的自信心得到提升

经过三年的实践,实验班级的学生提问的信心指数由前测的28.8%增加到后测的56.5%,有了明显的提升。学生学习兴趣增强,学生能够真实地参与探索数学的过程,促进了对数学内容的理解,真实地提出自己学习的问题并与人交流,提出创新性的问题促进师生共同思考。形成实验班级学生提问问题集。

2. 学生养成反思性学习习惯,实现减负增效

课题立项七年,重点落实 2013—2017、2017—2021 两届学生,他们对数学有更强的学习兴趣,能够更好地用数学的眼光观察世界、表达世界,自主提出问题和解决问题的能力都大大提升,养成了反思的习惯、形成一定的反思方法。

以数学写作为例:对于学生而言,数学写作的难度比较大,特别是数学论文的发表更不易。2014 年 12 月,七年级学生张程骅、严莉莉由生活情境入手,完成《理清数量关系——假钞问题详解》一文,文中分析了同学对此问题的几种错误解答,指出其错误的原因,指明正确的分析方法。2015 年 2 月,七年级学生邵梦婷在研讨课后拓展问题时发现了新的规律,从数和形两个不同视角解释了自己的发现,写成论文《平方数规律的再探究》。九年级学生吴楠在学习了二次函数的图像第一课时后,自己使用实验工具对幂函数的图像展开研究,并撰写论文。以上学生小论文发表在《初中生世界·智慧数学》杂志。此外还有一些学生小论文在学校内外交流。

3. 促进组内外教师数学专业素养提升

本人 2014 年申报立项的市、区课题组共 23 位成员“再创造”的数学教育观让一批成熟教师找到自己的教学主张并积极宣讲、传播这种教育观;一批青年教师获得快速成长,三位教师晋级浦东新区骨干教师、五位教师进入区名师工作室学习、两位教师加入市名师后备培训、两位教师职称顺利晋级、一位教师获全国青年老师教学评选优胜奖和市青年课题二等奖,参与课题的三位教研员在市专项评比中获奖,多位教师在长三角征文中获得一、二、三等奖。此外课题组还通过共读、公微、课堂教学研讨等不同形式影响着课题组外的教师们。到 2019 年课题申报结题前,由课题组黄家礼主编、课例组研发的一套校本材料(八册)由上海教育出版社正式出版。课题组五位老师参与了浦东《国家课程校本化数学学科教学指导手册》的编写及实践。此外课题组发表的论文总计有上百篇,包括人大复印和核心期刊。

4. 课题影响

本研究自 2014 年申报立项,市、区课题组共 23 位成员来自二中、教发院、傅

雷、民办交初、建平远翔等不同层次的 13 所学校。还有一些非正式成员一直参加相关共读、课例研讨活动半年以上,涉及实验南校、南汇四中、杨思中学等 16 所学校,也有华师大两位博士和一些小学数学教师的参与。其中南汇四中的胡春波老师在此期间还参加了美国的培训项目和新疆的支教,其间也不间断地参与了共读与研讨,一边把国外的教学经验带回国,一边把我们的相关经验带到新疆,他的关于数学史的职称论文也是在共读与研讨中完善的。特别是 4 位区教研员先后参与了本课题研究,一方面提升了本课题的研究实力和研究水平,另一方面也为课题在区教研、骨干组活动、中心组活动、区名师基地、市教研的推广中做出贡献。

(二)创新与反思

理论方面,本研究跳出"数学再创造模式说",走向"数学再创造哲学说";实践方面,本研究以数学发展史为线索,纵向梳理初中数学的"可再创造点"并联点成线,横向综合数学与各学科之间、初中数学各模块之间的关联,梳理出框架,形成三维立体交融的实践结构(如图 4)。组织方面,本研究形成市、区双课题互动、读书团队与研究团队互通,以民间的力量实现人力、资源、智慧的最大化聚集。

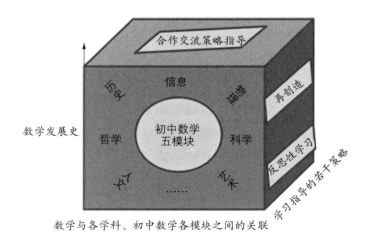

图 4　三维立体实践结构图

以"数学游戏"为载体提升数学核心素养的教与学①

何智宇　施洪亮　田方琳　马晓煜　杜　莺　张　罟

数学为人们提供了一种认识与探究现实世界的观察方式,一种理解与解释现实世界的思考方式,一种描述与交流现实世界的表达方式。激发数学学习的求知欲和好奇心,寻找提升数学核心素养的方式方法是所有数学教育者一直求索的问题。

"如何在数学教与学中有效提升核心素养?"如何突破"中学生数学学习兴趣弱,主动思考和深度学习不足"的困境? 在实践摸索中我们做了有益的探索和尝试,研究数学游戏在兴趣激发和素养培育中的价值,以及以数学游戏为载体实现核心素养提升的教学组织方式。

一、问题的提出

2016 年 9 月 13 日,"中国学生发展核心素养研究成果发布会"在北京师范大学举行,明确了学生核心素养是指学生应具备的,能够适应终身发展和社会发展需要的必备品格和关键能力,是关于学生的知识、技能、情感、态度、价值观等多方面要求的综合表现。世界经合组织(OECD)研究认为:素养是个体在特定的情境下能成功地应对情境的复杂要求与挑战,并能顺利地执行生活任务的内在先决条件;素养是可学、可教和可测的,即是经由后天学习获得的,可以通过人为有意识的教育加以规划、设计与培养。

① 本教学成果获得 2021 年上海市优秀教学成果奖二等奖。

《全日制义务教育课程标准(实验稿)》指出:"教师应充分利用学生的生活经验,设计生动有趣、直接形象的数学教学活动。如运用讲故事、做游戏、直接演示、模拟演示等,激发学生的学习兴趣,让学生在生动具体的情境中理解和认识数学知识。""有效的数学学习活动不能单纯地依赖模仿与记忆,动手实践、自主探索与合作交流是学生学习数学的重要方式。"而数学游戏往往需要学生动手实践自己的想法,是能够提高学生核心素养的有效载体。

华师大二附中一向追求卓越,崇尚创新,注重培养学生自主性和主人翁意识。数学虽然一直是二附中学生的优势学科,但在调查中发现,仍有学生认为自己的数学不好,数学学习枯燥、困难。为了更广泛地让青春期的学生学习数学、理解数学,甚至爱上数学,利用数学游戏的综合性、趣味性,又兼具了数学的深刻思考的特点,以之为学习载体。本研究即是利用了数学游戏,在诸多方面融入学生的学习、活动中,让学生亲身体会到数学的有趣与有益。

二、成果的主要内容

经过近十年的实践积累,通过持续地观察实验和实践改进,积累了丰富的经验,主要成果表现在以下方面。

(一)确立了数学游戏是实现数学核心素养从理论到实践的融通的重要途径。

(二)数学游戏融入选修课的课堂组织模式:介绍游戏规则与历史背景—玩游戏与思考(独立或分组)—数学建模—找到原理,形成解决方案—应用原理,再次游戏。

(三)数学游戏融入必修课的课堂组织模式:活动情境,新知引入—动手操作,探究新知—游戏合作,新知应用—拓展提高,深化新知。

(四)对数学嘉年华活动进行了拓展:校内外的学生共享,国内外的教师联合共育。

(五)编辑出版案例书籍《围绕游戏,漫步数学》作为教学辅助素材。

(六)建立专门的教研团队,成立学生社团。培养一支由校内教师为核心指导者,大学志愿者、专家、家长积极参与的指导者队伍,构建了开放一体、全员全程的校内外学习机制;学生自主选择与自我调适机制、同伴互助与教师辅导机制、教研共享机制。

回顾发展,过程中孕育成果,也是其他学校可以借鉴的。

2014—2016 年:发现"中学生学习数学兴趣弱,内动力不足"这一关键情形,选定数学游戏这一载体,研究数学游戏在兴趣激发和素养培育中的价值,以及以数学游戏为载体实现核心素养提升的教学组织方式。每学期开设《游戏与数学》课程,培养一批数学游戏爱好者和研发者。设立数学文化节,主办上海市智力游戏大赛,利用暑期卓越学院平台引入斯坦福《数学游戏》课程。把"数学游戏教学研讨"作为团队成员的研训任务,邀请斯坦福、华东师大团队对教师做数学游戏相关讲座,持续提升团队游戏教学能力。

2017—2019 年:持续优化《游戏与数学》课程,创设数学游戏嘉年华,并在紫竹校区初中和高中、国际部中实践推广。《数学游戏》拓展型课程教学案例稳定化,《围绕游戏,漫步游戏》于 2018 年出版。数学游戏教学组织方式成型,数学游戏学生活动从校内延展到校外。每年举办 1—2 期数学嘉年华活动,让全体参与《游戏与数学》课程研发和学习的师生共同推广数学游戏。保持嘉年华游戏内容的开放性,丰富游戏活动的素材。

2020—2021 年:成立数学游戏的学生社团,常态化普及推广数学游戏。师生参与各类大型活动(如国际数学教育大会 ICME14、马丁加德纳分享会、数学教学论坛等),推广中学数学游戏。数学社团主旨:"改变游戏规则,设计新型游戏,实现数学创客的梦想。"社团创生了以数学游戏为主体的微信公众号《有声有色学数学》和《数学耕读园》。

三、效果与反思

据统计参与正式课程学习的人数超 400 人,涉及初中、高中、国际部。同时自 2017 年起每年举办 1—2 期数学游戏嘉年华,至今举办 6 次,校内参与人数超2 000 人。同时,参与课程学习的学生积极参与各级各类数学竞赛,他们之中有获全国数学竞赛金牌、国际数学建模大赛特等奖、丘成桐中学数学奖等奖项。课题组成员积极开设数学游戏相关公开课,影响带动数十位数学教师参与数学游戏相关课程的学习研究,产生了良好的辐射示范效应。

对于大多数学生而言,数学游戏是好奇心和求知欲的沃土,他们在其中可以充分地参与活动、表达交流,获得属于自己的活动经验。于是学习的自信心油然而生,即使在某些游戏中遇阻也可以通过自己动手调整、思考摸索获得改变的机会,这不仅有成功的喜悦,同时增强了坚定的意志品质。所以,学生在非智力因素方面获得的收获是巨大的。当然学生的数学的思维品质也在潜移默化中得到提高,用归纳式的思考方式对实验结果进行观察提炼,用演绎式思维改变游戏的规则创造意想不到的新游戏。实现在"玩"中创新,在"玩"中增慧。逐渐体会和运用数学的眼光观察世界、数学的思维思考世界、数学的语言表达世界。

对于任教的老师而言,在数学专业知识上得到拓展,在教育教学理念上得到提升和锻炼。"学生主体,教师主导"在这里展现得淋漓尽致。尊重学生,欣赏学生,恰当地启发点拨学生,真正实现"寓教于乐"的无痕教育。

当然,我们还有一些可以思考和完善的地方。比如学生的成绩变化、态度变化与数学游戏的关联度都是我们的访谈交流得出的结论,没有数据的统计甄别。对于数学核心素养的测评监控还不能数据化,希望在未来可以和相关的专家老师一起进行有效的实验测评。同时,对于案例活动的能力要求还有待细化:如时长的安排、学生分组的设计策略等,

总之,我们不断总结,汲取各方经验,形成了一个良好的数学游戏校园体系,并期望更多的人加入其中,并移植到其他学科中去。我们还将继续扩充和完善,以期取得更好的效果!

以"学习空间"重构促进
中学化学"教—学—研"方式变革的浦东实践[①]

周玉枝　喻　华　张慧琴　陈湜嶔　董　俊　万　聪

一、问题的提出

(一) 研究的主要动因

1. 响应上海市"二期课改"理念要求

上海市"二期课改"提出了"让课程适应每一位学生的发展"的总目标,要实现该目标,需要开展"以信息技术融合为基础,以学习时空突破"为切入点,以"惠及全体,尊重差异"为目标的实践研究。

2. 适应浦东区域教育特点的教与学变革的内在需求

传统的教研模式难以适应浦东新区地域宽广,学校层次多、差异大,教师总数多等特点,以及师生比、教研员教师比远低于全市平均水平的实际情况,亟须改变传统教研和化学课堂教学模式。

3. 顺应信息技术与教育深度融合的时代需求

学习空间(Learning Space)是教师和学生学习环境的总称,包括正式、非正式和虚拟三种。随着网络移动技术的飞速发展,教师和学生的学习空间已经超越了传统的教室和课堂。重构学习空间,是指在现代教育思想理论指导下,为教师和学生提供跨越时空的线上学习空间,以支持大规模的"教—学—研"活动,为提高师生综合素养创造一种新型的教学环境。重构学习空间,不仅能加快推动人

---

① 本教学成果获得 2022 年上海市优秀教学成果奖二等奖。

才培养模式改革,还能实现规模化教育与个性化培养的有机结合。

（二）力图研究与拟解决的主要问题

如何建设在线平台,开发在线资源,开展线上线下融合(Online Merge Offline, OMO)的"教—学—研"活动,创造线上线下融合的"教—学—研"新方式,最终形成具有丰富资源、开放平台和高效方式,体现线上线下融合特点、适合浦东特色的化学学习空间? 为解决以上问题,将研究主题聚焦为:

1. 平台建设问题

如何建设操作简单方便、互动功能强大的网络平台,为重构学习空间提供平台支持?

2. 资源开发问题

如何有序建设贴近教学一线、契合师生教学需求的丰富实用的在线资源,为重构学习空间提供资源支持?

3. "教—学—研"方式变革问题

怎样充分发挥线上线下各自的优势,形成线上线下融合的"教—学—研"方式,实现"教—学—研"方式的变革?

（三）开展本研究的价值意义

重构学习空间符合国家战略要求、顺应时代需求、适合浦东特点。其价值主要体现于促进教学、学习和教研方式的变革。

1. 促进教师化学教学方式变革

在线学习空间为教师变革教学方式提供了新的可能性,丰富的在线资源能支持教师开展多样化的课堂教学实践,精准的数据分析能支持教师对学生进行精准指导和评价。

2. 促进学生化学学习方式变革

在线学习空间能促进学生开展个性化学习、自适应学习和泛在学习,有利于其核心素养的培养,为其终身发展提供帮助。

3. 促进区域教研方式变革

在线学习空间能够突破时间和空间的限制,实现资源、经验和信息的及时共享,实现多向互动与深度交流,提高教研工作的效率和质量,提升教师的专业素养。

二、解决问题的过程与方法

研究始于 2003 年,问题解决过程经历了在线教学资源建设、在线教研活动组织、在线学习资源建设、在线"教—学—研"联动实践等四个阶段。

图 1　研究过程一览图

（一）依托学习共同体,建设在线教学资源（2003—2007 年）

2003 年,浦东新区教研员和教师组织建设了网站"浦东化学教学",实时动态发布学科教研活动通知、教学资源,并通过网站论坛,开展网络教学研讨活动。通过分析网站后台的统计数据可以发现,备课资源、课堂教学、作业设计、考试研究四个栏目的点击率最高,说明教师最需要这些教学资源。截至 2006 年 8 月 23 日,网站已上传各类资源 3 000 条,工作日平均访问量达 200 人次。很多教师已养成每天登录网站,在线学习、研讨的习惯。此阶段,实践关注重点以教师在线教学资源建设为主,在线教研活动为辅。

（二）依据教研场景,开展全员参与的在线教研活动（2007—2013 年）

2007 年,建成网站"浦东教师研修社区",进行"开展网上教研、促进教师专业发展"实践研究,为研修社区的平台架构、完善和更新迭代提供依据。主要设计备课研讨、观课评课、专题报告和专题研讨四类在线教研活动场景。在线教研活动中生成的在线教学资源可自动导入研修社区的资源库,打造可动态生成的在线教学资源库。此阶段,实践关注重点以在线教研活动为主,以教研活动带动教学资源的生成。

（三）由教到学,建设在线学习资源（2013—2018 年）

信息技术的发展为学生在线学习提供了硬件上的可能和软件上的支持,研

图2 "浦东化学教学"网站主页面

究团队将研究重点转向了学生在线学习资源的建设。

2013年,部分青年教师开始自发制作化学学习微视频。这些微视频在各类评比中屡次获奖,但是不成体系。2015年,区级层面开始组织教师制作系列微视频;2016年开展"中学化学微课开发与运用的实践研究",科学有序地组织教师队伍开发适合本区学生观看的系列微视频;2018年,完成按照课时制作的与高一、高二化学基础型课程配套的全部微视频,在"上海高中化学微校"微信公众号上发布,供学生同步自主学习,受到了学生的欢迎。此阶段,实践关注重点以学生在线学习资源建设为主,在线"教—学"活动为辅。

(四)"教—学—研"联动,线上线下融合实践(2018年至今)

2018年,团队成员开展了"平台个性化开发,资源结构化升级,在线'教—学—研'联动发展"实践研究,将更多优质资源更便捷有效地分享给教师和学生。更新迭代的学习资源更适合学生的需求,能更好地发挥教师的主导作用,提升学生自主学习的效率。

1. 建设和选择在线教学平台

（1）创建"浦东化学在线"微信公众号。它是集化学教师在线教学、学生在线学习、公众在线科普为一体的原创在线资源展示平台，是教师教学的好帮手、学生学习的好益友。

（2）选择"智慧教室"和"魔灯平台"开展教学实践研究。这两个平台包括微视频发布、线上提交作业、讨论区、数据库、问卷投票、在线测试等功能，能较完整地支持在线教学实践研究。

（3）开发"优学"小程序。为弥补公众号交互性差，不能在学习之后得到即时反馈的不足，团队开发"优学"小程序，内嵌于"浦东化学在线"公众号，以期实现学生在线学习的"教—学—评"一体化闭环。

2. 建设在线学习资源

（1）制作多元系列微课程资源。根据学生的需求和教改的要求，在基础型课程微课的基础上，建设特色微课程，开发了"化学核心知识""易趣化学""化学实验""化学史""化说生涯""化学科普"等系列在线微课程资源。

（2）开发与微视频配套的作业与评价资源。在制作微视频的同时，开发适合网络自动批改的配套练习。针对每个知识点，设计3—5道难度等级一致的习题，以便学生检测学习情况。为方便学生自主学习，每道习题都配备了详细的分析解答过程。

（3）转化教研活动中生成的资源。微视频制作进入常态化时代，每次公开课研讨结束，同步共享教案和录像，并将相应课件转化制作成微视频，使得微视频资源能紧跟课改理念和教学的新要求。

3. 开展"教—学—研"联动的实践研究

（1）开展辅助教学模式准实验研究

在上海市实验学校对运用公众号开展辅助教学模式采用了准实验研究。将微视频作为学生预习的工具，实验组学生通过观看"浦东化学在线"微信公众号上的微视频预习，对照组学生通过阅读教材的常规方法预习。准实验研究的结果（见图3）。

（2）开展专有平台的在线教学个案研究

选择"智慧教室"和"魔灯平台"开展个案研究，发现基于互动平台的在线教

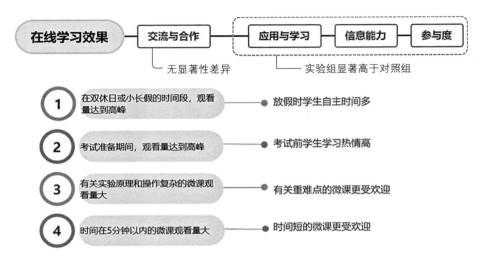

图3　辅助教学模式准实验研究结果

学模式在教师的精准指导与评价、学生的个性化学习等方面优势明显,教学效果良好。实践表明,学生喜欢在学习过程中有更多灵活的、可自主支配的时空,自主观看微视频时,学生的注意力更集中,学习更有效。

此阶段,进行广泛的多样化的在线"教—学—研"实践活动,以实践促进平台的建设和优化,以实践带动在线学习资源的建设。在线学习资源从单一走向多元,从零散走向系统,从静态走向动态,线上线下融合的教学实践生态稳步推进。

三、成果的主要内容

（一）优化顶层设计,重构线上线下融合的"教—学—研"联动发展模型

在线"教—学—研"随时随地、泛在灵活,开放度高、信息量大、时空跨度大,这些特点与常规线下"教—学—研"具有很好的互补性,可以相互融合,共同发挥作用。在实践过程中,构建了线上线下融合的"教—学—研"联动发展模型（见图4）。

模型的核心在于中心轮和联动轮的互相推动。中心轮是以在线平台和资源为基础的在线学习空间。在线资源的开发与平台的建设为实践应用的开展提供了基础,实践应用中生发新需求和新资源,推动了资源的更新扩容和平台的优化升级。而资源与平台的更新迭代又进一步推动实践应用走向智慧、精准和个性。

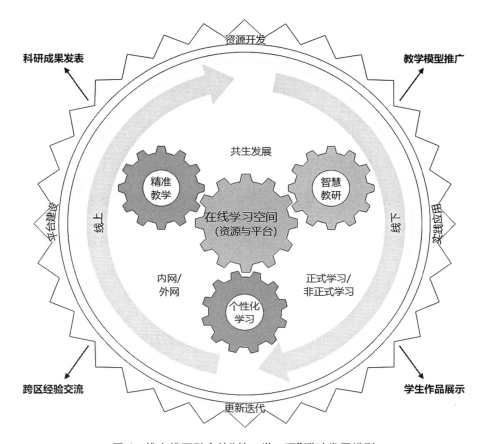

图 4 线上线下融合的"教—学—研"联动发展模型

中心轮和联动轮的彼此推动形成巨大的合力,实现了精准教学方式、个性化学习方式、智慧教研方式的联动发展,形成了以研促教、以教领学、以学改研的"教—学—研"机制,最终实现"教—学—研"方式的变革。而这些成果,又通过在线平台实现推广辐射。

(二)建成数字化资源体系,为学习空间重构奠定资源基础

1. 建设系列化学微课程资源库,供师生在线学习选用

微课程的呈现以微视频为主,也有部分图文形式的课件。目前推出微课程总数目超过 350 个。微视频和各专栏的资源还在根据教学进度陆续制作和推出。

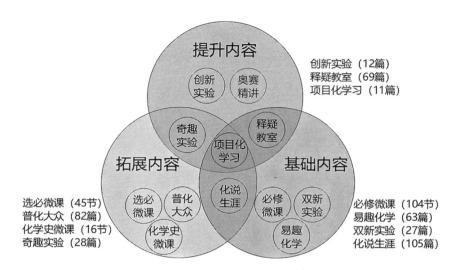

图5 系列化学微课程资源体系

2. 建设适合自适应练习的习题库,供学生进行个性化练习巩固

符合网站自适应推送的习题与平时的练习不同,需要根据小程序的要求进行专门编辑。目前,已经制作完成了与高一、高二核心知识微课配套的习题85套,每套包含10题,每题除了提供答案,还包含详细的答案解析和对应的知识点说明。

3. 积累了大量数字化教学资源,供教师开展教学研修使用

截至目前,教研活动过程中生成的教案、课件、录像、作业、试卷等各类数字化教学资源总量18 677个,容量250.4 G。

(三)建设系列在线平台,为学习空间重构奠定平台基础

先后建设或选择了"浦东化学教学"网站、"浦东教师研修社区"网站、"浦东化学在线"微信公众号、"智慧教室""魔灯平台"等区域或学校自有平台。

1. 建设"浦东化学在线"微信公众号,提供泛在学习平台

公众号立足于中学化学教育,包括三大板块,每个板块下面有配套的在线学习资源。

"e学习"主要面向学生,其中的"微课广场"根据教学进度提供各年级系列配套学习微视频;"化说生涯"提供与化学相关的专业、行业、企业、职业信息,便

于学生做好生涯规划；"释疑教室"刊登学生疑难问题的解析；"创新实验"是适合学生的探究性或科创实验。

"e 教研"主要面向教师，其中"基地掠影"包含教研活动和名师基地班的活动；"优秀课例"用于分享部分区域特色教学设计和课件；"聚焦'双新'"栏目解决教师在"双新"实施过程中遇到的各种困惑，为"双新"做实事，把"双减"落实处。

"e 科普"致力于传播化学科普知识，包括"生活中的科普""化学史故事""奇趣实验"等栏目。

2. 制作配套的《浦东化学在线移动码书》，提供随时查找资源工具

为更好地发挥公众号中数字化资源的辐射作用，方便教师便捷分享和学生泛在学习，制作了《浦东化学在线移动码书》，包括 4 个主要栏目的资源目录、资源简介，并为每个资源配备二维码，供教师和学生扫码观看。

3. 建设嵌入式的"优学"小程序，提供个性化评价工具

开发"优学"小程序嵌入公众号，作为专门的测试菜单入口。学生看完公众号微视频后进入小程序测试；小程序可以播放课程、课件、题库，还可以组卷、创建学习任务（看完微视频课程之后的练习巩固）、形成错题集，进行错题再练，等等。小程序还可以设置得分、各种学习打卡榜单、数据分析等功能，以及给学生颁发奖励证书。

（四）建构线上线下融合的精准教学方式，发挥学习空间重构的技术优势

教学方式的变革基于在线学习空间的创设，使教师的教与学生的学转向操作更优化、学习个性化、辅导精准化、评价多元化，且在教学过程中具有交互性、生成性等特点。

在教学组织方式上，侧重于在线学习空间的建设和组织；在学生认知方式上，侧重于探究式和体验式，促发学生的深度学习；在活动方式上，线上的教师和学生活动侧重于泛在性的人机互动。

在精准教学方式中，根据在线资源介入教学的深浅程度，线上线下融合教学模式有三种典型情况（见图6）。

不同学校可以根据学校的具体情况，选择不同的教学模式开展融合教学，提高教学效率。如上南中学利用平台交互模式（见图7），开展高三复习课教学，教师根据学生（40 位）慕课学习的在线时长、论坛交流、观看视频、测验成绩等数据

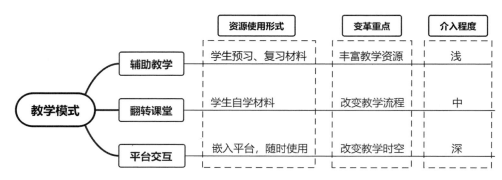

图6　三种线上线下融合教学模式

对学生的学习过程进行监控。一学期的实践过程中,高三化学线上课程后台总共生成 319 页日志,每页有 100 条访问记录,总访问量达 31 900 次。说明在线课程的活跃度良好。

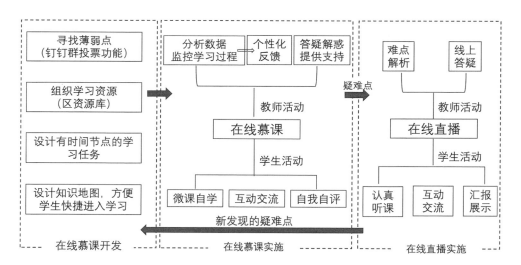

图7　平台交互模式课程流程示意图

（五）建构线上线下融合的智慧教研方式,为学习空间重构提供智力支持

在线教研环境丰富,可以实现线上与线下、同步与异步的随时随地交流。参与人员的灵活性强,可以按照教研活动主题要求,确定参与活动的教师类型,不受时空限制。线上线下融合的教研活动打破了时间和空间的界限。活动过程中教师可以随时提问、随时回看,在线教研使互动交流更加便捷深入。从教研的组

织方式来说，在线教研环境促进了线上与线下、同步与异步的交流，突破了时间与空间的限制。除正式的教研活动以外，教师们还可以在 QQ 群和微信群里随时随地提问互研，即时研讨，群里的管理员教师会负责组织讨论和解答，这些研讨有些是即问即答，有些可能持续数天。

下面通过一次教研活动的流程来说明线下线上融合的智慧教研方式的开展过程。

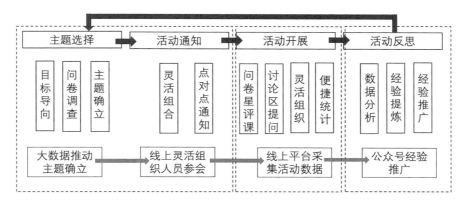

图 8　智慧教研方式案例流程图

四、效果与反思

（一）实践效果

在课题开展过程中，根据技术发展的特点，不断更新优化在线平台，提升用户体验；更新迭代微视频的形式，持续积累和建设各种形式的微视频资源。课题以"双优"（优质平台+优质资源）为本，在一批"双优"（优质资源开发者+优秀学科教学能手）教师进行的各类实践探索中，提高了"教—学—研"的效率，促进了"教—学—研"方式的变革。"双优"遇"双优"发挥出"幂数效应"，综合提升浦东新区高中化学区域"教—学—研"共生发展的硬实力和软实力。

1. 在线学习空间持续扩容

18 年从未停止的持续实践探索使在线学习资源逐渐丰富、在线平台逐渐完善，在线学习空间持续扩容、在线"教—学—研"比例逐渐增大（教研活动中在线教研的比例从每学期 1—2 次变成 6—8 次）。形成了资源平台与实践、正式学习与非正式学习、内部平台与通用平台同步发展的和谐共生局面。

2. 个性化学习蓬勃发展

在线学习促进了学生的个性化学习和泛在性学习,提高了学习效率,实现了因材施教。目前关注公众号的 1.5 万多人中,五分之一为 18 周岁以下的学生。一位高一新生回去看望初三老师时说:不太适应高一新化学老师的上课模式,自己都是放学后通过观看公众号微视频资源来查漏补缺的。有学生在回家的地铁里刷微视频(学生提需求说:希望微视频容量小一点,这样在地铁里刷微视频的时候流量消耗少一点),有些学生全家在晚饭后定期观看微视频(一位家长反馈:每天晚饭后和儿子一起观看公众号的微视频)。老师发现:学生会针对看微视频时不理解的内容主动来找老师讨论。学生说:以前总要报辅导班才感觉安心,现在有了微视频资源,可以随时针对自己不懂的内容复习、研究,节省了大量时间,减少了学习的焦虑。

在线学习提升了学生的信息化素养和终身学习的能力。例如,教师将阅读公众号科普资源作为寒暑假作业布置给学生,学生阅读以后撰写的生动活泼的科普小论文,又被编辑成了新的公众号推文资源,实现了学生学习资源自主建构的生态圈(见图 9)。

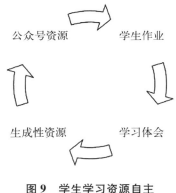

图 9 学生学习资源自主建构生态圈

在线学习开阔了学生的视野,激发了学生的学习兴趣,培养了学生的社会责任感,是提高学生化学核心素养的有效途径。学生在公众号留言中感叹:原来实验可以这样做!这样做真有意思!回去我也试试看,最简单的实验也有大学问啊!

3. 精准教学实现多元可能

"学习空间"重构助力教学的精准实施。三种典型教学模式的应用能减少教师的重复劳动,学校可以根据需要选择不同平台和教学模式,以实现教学效益最大化。通过在线数据实现精准指导和评价,实现师生自适应成长,以真正实现因人施教、因材施教。

在线教学资源也成为教师个别辅导的好帮手。有教师说,"对于学生经常遗忘经常来问的知识点,我会让他们直接看微视频,微视频减轻了我重复讲解的负担"。还有教师说,"我给学生答疑完毕,常常会叮嘱学生看一遍某节微视频,让他通过微视频继续有针对性地学习"。

4. 智慧教研惠及区域全体教师

在线教研突破了时间和空间的限制,实现了线上与线下、同步与异步融合的随时随地的学习交流。让更多一线教师"云参与、云成长",为教师的专业发展带来普适性机会。

在制作微课程和建设维护"浦东化学在线"公众号、开展在线教学实践的过程中,为"用而学""边学边用",先后多次组织PPT美化、微视频制作等各类培训活动,促进了教师的学科专业素养和信息技术素养的提升。

5. "公益+公众"传播,担当社会责任

"浦东化学在线"公众号自2018年开通以来,关注人数超2万人,发送原创学习资源800多个,用户遍布全国300多个城市和全球近10个国家。坚持原创、免费分享,引各方好评,获得了较好的社会效益。系列微课程成为师生教学活动的有益补充,生涯、科普等资源为课堂教学提供有益的补充,促进师生专业学业两提升。

公众号不仅促进了师生的教与学,还发挥了科普的作用,为社会责任意识的培养打通了时空的"任督二脉",体现了课题组团队的社会责任担当。

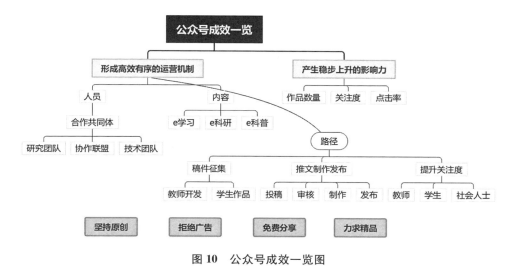

图10 公众号成效一览图

（二）反思与展望

后续研究中，我们将进一步深化理论研究，同时将推动实践研究向更广泛、更立体方向进行。加速在线学习平台的互动交流功能开发，使平台成为能基于学生表达的双向交流工具。进一步开发"优学"小程序功能，记录学生在平台的学习行为，给教师评价提供更有效的依据；小程序的"用户标注"功能对内容建设提供反馈建议，促进学习资源建设质量的提升。由此实现线上和线下教学的深度融合，更好地实现一生一方案、一生一课表、一生一计划、一生一作业的基于线上平台的大规模个性化教与学。

从对学习的评价到促进学习的评价①
——中学物理校本评价改革实践研究

张燕飞　陈珍国　傅　欣　李树祥　辛丽君　邵李宁

以往评价之所以不能促进学生的发展主要因为评价活动和学习活动不在同一时空进行,是分裂的,评价只是对学习结果进行分级,而不是对学习过程进行循环式的积极反馈,这对学生高阶思维的养成是极为不利的。评价是教学和学习的脚手架和"催化剂",促使教学信息转变为学习信息以及学习信息的内部转换。当学生达不到深度学习要求,就会反作用于评价,迫使师生审思、修正、调节直至优化教与学行为。为此,以评价为手段和以平台为媒介整合课堂促进学生深度学习就显得尤为必要。

一、问题的提出

(一) 背景与动因

1. "唯分数、唯升学"的教育导向出现短视和功利,扭曲了教育本质

高考制度作为一种课程评价制度本应该服务于学生的发展,但是在实践中它却成为学生学校教育的风向标,磨灭了评价应有的价值,导致学生"唯分数至上"的畸形发展。2020 年 6 月 30 日,习近平总书记主持中央全面深化改革委员会第十四次会议审议通过了《深化新时代教育评价改革总体方案》,这是新中国第一个关于教育评价系统性改革的文件,是指导深化新时代教育评价改革的纲领性文件。文件提出"发挥教育评价的导向作用,扭转教育功利化,要更加注重

_____

① 本教学成果获得 2021 年上海市优秀教学成果奖二等奖。

发挥评价的引导、诊断、改进、激励等功能,改变过于强调甄别和简单分等定级的做法,改变单纯强调结果和忽视进步程度的倾向"。习近平总书记的重要指示批示为深化新时代教育评价改革指明了前进方向、提供了根本遵循。

2. 评价缺乏中介意识,未能整合教与学,制约了教学质量的进一步提高

教师在实践中重教轻学,这种教学缺乏评价支撑的现象有一定的普遍性。该现象不完全是因为教师不重视或观念偏差,其部分原因是教师不知道如何判断学生对于预计教学内容的掌握情况;有的教师即使通过测试进行了学情分析,但对结果的运用只停留于判断学生会做什么和不会做什么,不能将学情与自己的教学设计和实施联系起来,对学生的参与、学习的过程及效果缺乏跟踪。而且在后续的教学中,也不会根据这次的评价结果调整教学计划。当评价脱离于教学情境之外,那么用评价促进学生学习就无从谈起,所以评价与教学迫切需要进行深入整合。

3. 学校和教师评价素养的提升过程急需成熟的"以评促学"教学模式和支持模式的评价体系提供借鉴与启示

为了更好地推进"用评价促进学生学习"的教育理念,2005 年 9 月,团队在各个区开展了"地毯式"课堂教学情况大调查,发现教师在教学评价中存在诸多技能的缺失:学情分析技能缺失、创设真实评价情景技能缺失、信息技术和评价整合技能缺失、促进学习的评价策略缺失。教学调研中发现教师在中学物理教学中,强调评价的统一性、行政性、效率优先,而学生是否通过评价取得预期的发展则处于次要的地位,因此如何帮助教师跨越评价理念与实践的鸿沟,如何尝试着去矫正不良的评价导向是当前团队面临的中心课题。课题组经历了从"对学习的评价"到"促进学习的评价"的实践过程,对能充分发挥评价的诊断、导向和激励功能的"以评促学"的教学评价的搭建、运用和推广进行了深入研究与实践,为处在革新路上的学校提供了一种提升教师评价素养的校本路径、理论支持和实践样本。

(二)力图研究与拟解决的主要问题

本研究拟解决的主要问题是:立足于中学物理教学,通过理论研究和教学实践,探索提升师生的科学评价观的有效途径。这一核心问题可以分为五个小问题:

问题 1. 2005 年调查发现中学物理教师评价素养不高导致教学无法深入,该问题在过去的几十年一直有没有得到很大程度的改善,造成问题的主要原因是什么?

问题 2. 教学评价必须基于教师与学生的需求,并以实际的问题为出发点。

从这个角度来说,课堂评价具有鲜明的实践性和应用性。那么,教学评价的理论基础何在? 如何在千变万化的课堂中抓住评价的契机?

问题3. 如何打通学生发展、促进学习的评价与教学的实质性关系,"以评促学"的教学流程该如何设计? 怎样把评价镶嵌于教学过程之中,与教学活动紧密地缠绕在一起,形成用评价推动教学的模式? 促进学习的教学评价需要什么样的校本评价系统支持来达成这一宗旨?

问题4. 评价展开的需求直接指向了评价平台的研发,怎样将教与学的信息转化为大规模数据,并利用大数据发现教与学的问题? 如何充分发挥信息技术优势,既保证教学的有序开展,又能针对学生的个体差异提供个性化资源,解决教学活动中规模化与个性化的矛盾?

问题5. "以评促学"的评价范式又该走向何方? 通过怎样的路径可以把团队成果的理念与模式推广到教育薄弱区域,让成果发挥更多的辐射?

(三)开展本研究课题的价值意义

本研究课题率先在国内中学物理学科建立了教学与评价有效整合的"以评促学"的教学模式和校本评价体系。

本研究课题对教师转变评价观念、改进教育教学方法、提高教育质量、提升教育信息化环境提供了强有力的支持。课题首次关注了"促进学习的评价"与课堂各个环节的对应关系,以全面提升师生评价素养为价值追求,以"互嵌式、共发

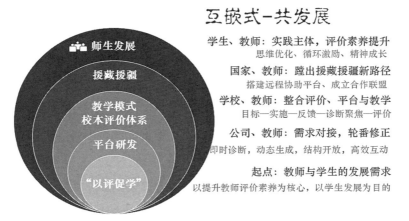

图1 互嵌式—共发展平铺图

展"为理念和方式,在 15 年的探索中,创造性地研发平台、书籍、课程,摸索出"以评促学"区本化操作的有效路径。

二、解决问题的过程

作为区域性的教改实验研究,我们遵循"理论→实践→再理论→再实践"的"自上而下、自下而上"的科研认识规律,采用"理论导行、教学实践、成果物化、行为变革"的研究思路,继承已有经验与开发教改新措施相结合的研究策略,开展本课题研究。

阶段一:开展前期理论研究(2005 年 9 月—2007 年 6 月)

该阶段团队经历了从对学习的评价到促进学习的评价的实践历程。基于了解、借鉴国际"对学习的评价""促进学习的评价"的实施策略等,构建深度学习评价模型及课堂评价实践指标,探讨课堂评价促进深度学习的可能路径,开展以促进学生发展的多元课堂教学评价。

阶段二:课例实践探索阶段(2007 年 7 月—2009 年 8 月)

通过调研,梳理教师实施课程面临的问题——评价技能的缺失点,从而把握"以评促学"教学的起点。开展聚焦"以评促学"教育实践,在实践中摸索如何利用评价实现教——学的信息转换,生成四条相互关联的实践路径,分别是将评价活动设计进教案(设计转换过程)、运用多种方法收集深度学习信息(由教向学的转换),学生反馈学习结果(由学向教的转换),引导学生自我评价(自我转换与循环激励)。搜集教学案例,形成"以评促学"教学模式的雏形。

阶段三:建构教学模式和支持促进学习评价的校本评价体系(2009 年 9 月—2015 年 2 月)

课题组立足物理培训基地,发动上海市、沈阳市各区县高中物理教师尝试基于"以评促学"的课堂教学设计与实践,打通学生发展、评价、教学的实质性关系,整合评价与教学,形成自始至终贯穿着用评价促进学生学习为红线的"以评促学"的教学模式。总结促进学习的教学评价实施原则、评价策略,调节评价实施过程的系统性、整体性和协同性最终形成了完整的"以评促学"的校本评价体系。过程中完成两套著作如图 2。

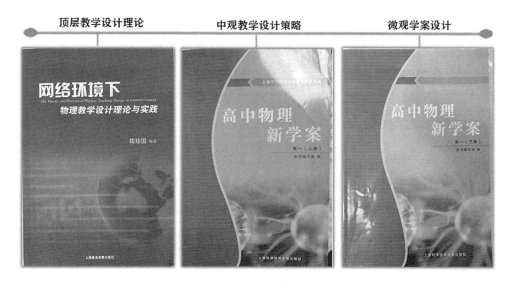

图 2　著作图

阶段四：搭建支持评价的云平台（2015 年 3 月—2018 年 10 月）

评价展开的需求直接指向了评价平台的研发，依据评价的技术需求搭建程序，在评价模型的完善中对云平台的功能多轮次升级，把促进学习的评价体系与信息技术深度融合。试点学校将课堂评价置于与校本课程、课堂教学互动关系之中进行深入考察，对照先前搭建的模型反复诊断与完善，所有这一系列技术的整合，推动校本评价进入了新的发展阶段。

阶段五：在党中央和国务院号召下，援藏援疆，形成"互嵌式"援藏援疆的实践路径（2016 年 7 月—2019 年 9 月）

课题组研究制定支援西藏和新疆的具体方案并组织实施，打通团队成果的教育资源向薄弱学校输出的通道，与西藏上海日喀则学校、新疆塔城学校建立合作联盟。针对受援单位校本教育资源缺乏的现状，助力优化教育资源和信息化工作环境。借助远程协同平台利用"互嵌式"实践路径把"以评促学"的校本评价体系应用于藏疆地区并让其落地生根。成立 5 个名师工作室，对藏疆地区的教师进行培训，为藏疆留下了带不走的优秀教师队伍。

阶段六：总结提升，反思研究成果（2019 年 10 月至今）

开展指向改进的教学评价的诊断活动。成员傅欣赴西藏对下一批组团援藏工作做好衔接。着手编写书籍《从"促进学习的评价"到"作为学习的评价"——中学物理实验逆向教学模式的实践研究》，并对研究成果进行梳理总结。

三、成果的主要内容

（一）研究的理论基础

国外学者从促进学生发展的角度提出了促进学习的评价（Assessment for learning），促进学习的评价是相对于对学习的评价（Assessment of learning）而言的，其主要目的是通过评价来促进学生学习，是寻求和阐释证据的过程。这些证据被学习者和教师用来确定学习者们离教学目标有多远、他们需要向哪里去和如何最有效地到达那里。课题组构建的"以评促学"的教学模式就是把促进学习的评价与教学有效整合的模式。

（二）研究的呈现形式

1. 从引进的学习评价到本土化的促进学习的教学实践指标的落实

借鉴国外学者的评价理论，实践中厘清了课堂评价的实践指标，罗列了课堂评价的五个要素，并提炼了每个要素的观测点。

表1 基于"斯蒂金斯等的课堂评价实践指标"的改进的本土化课堂评价实践指标

1. 为什么评价？	a. 教师知道课堂评价信息的用户和用途是什么，并知道他们的信息需求 b. 教师知道评价与学生动机之间的关系，并设计评价以使动机最大化 c. 教师形成性地运用课堂评价过程和结果（促进学习的评价） d. 教师总结性地运用课堂评价结果（对学习的评价）以让课堂之外的人及时知道学生在特定点上的成就 e. 教师有整合课堂的促进学习的评价和对学习的评价的全面长期计划
2. 评价什么？	a. 教师有清晰的学习目标，知道如何将关于内容标准的宽泛陈述转化为课堂层面的目标 b. 教师理解需要学生达成的学习目标的多种类型 c. 教师选择关注学生应知和能做的最重要的事的学习目标 d. 教师有评价学习目标的全面长期的计划
3. 如何评价？	a. 教师理解多种评价方法 b. 教师选择与期望的学习目标相匹配的评价方法 c. 教师设计服务于目的的评价工具 d. 教师在其评价中适当地抽样学习 e. 教师编写好各种类型的评价情景 f. 教师要避免可能歪曲结果的偏见

4. 如何交流?	a. 教师准确地记录评价,并适当地关联和总结,准确地反映学生当前的学习水平 b. 教师为各种情景选择最好的互动方式 c. 教师正确地解释和运用标准化测验的结果 d. 教师有效地向学生交流评价结果
5. 如何让学生参与?	a. 教师让学生清楚学习目标 b. 教师搭建脚手架,学生参与评价、追踪并为自己的学习设定目标 c. 教师提供空间和土壤,学生参与有关自己学习的交流

2. 从评价的实践指标到云平台支持下的"以评促学"教学模式的构建

将各种的评价模式以促进深度学习为目标结构化,教师在发送教学信息的过程中,借助情境性的评价任务或活动,促使学生最大限度地接受教学信息,同时加工成为临时性的学习信息。那些临时性的学习信息,进而内化为可以随时调用的知识,最终将其纳入已有的知识结构或建构新的知识图谱(教→学)。学生的反馈信息又为教师提供诊断聚焦性教学需求(学→教),最终构成循环圈(图3)。

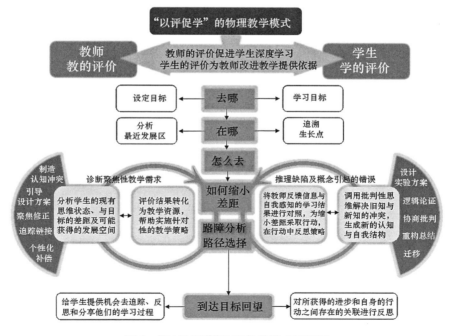

图3 "以评促学"物理教学模式流程图

3. 从教学模式到平台的搭建

促进学习的评价具有过程性、情境性、证据性、开放性等特点,决定其具体操作的复杂性,借助现代信息技术能简化并呈现过程性数据和结果性证据,从而全面反馈学生学习情况。教师收集和整理有关学生学习的各种学习数据;借助反馈信息分析影响学生学习障碍的潜在因素,并就如何突破障碍提出相应假设;依托数据实施精准干预推动教学持续改进,并检验假设,挖掘评估数据将学生先后的学习表现进行比较分析;探析学生学业问题解决的因果逻辑;重新收集和解释新的教育数据,并再次开始这个过程周期。数据的留痕帮助了教师获得有关教学与学习的完整图式,并协助教师制定最佳的教学改进方案。图4呈现的是平

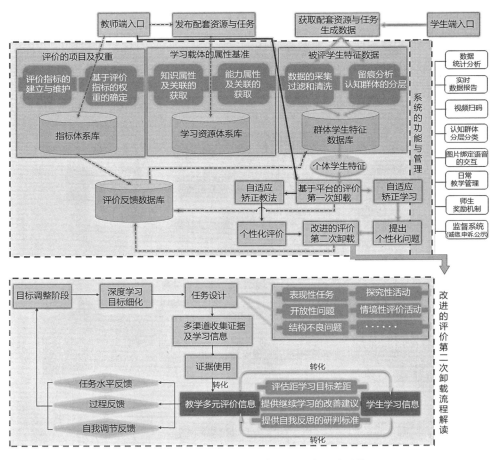

图4　信息化云平台支持下的校本评价系统结构图

台支持下的校本评价系统结构图。

4. 从"以评促学"的教学模式到基于平台支持的"教学设计模型"

"以评促学"教学模式的构建为课堂教学实践提供了清晰的路标。围绕促进学习的评价,课题组带动上海市各区县物理教师将评价纳入教学设计,形成大量聚焦利用评价推动教学的教学案例,并形成范本(如下表)。

《牛顿第一定律》改进的教与学		促进学习的评价实施	
		评价的策略	评对教的促进分析
我现在在哪里?	1. 导谬环节力求先把学生的思路逼入逻辑错位之中,力和运动到底是何关系? 力维持运动? 三屏同时播放三段视频,误导学生物体想要保持运动,需要借助力。那学生的认知在哪一层面呢,问题投票,呈现的结果为接下来的师生活动指引了方向。	① 在学习进行中有规律地提供描述性反馈; ② 设计与学习目标相匹配的评价,引导自我评价和目标设定。对问题设置投票。了解学生的生长点。	分析评价数据来理解学习中的模式和差距来指导计划与教学,并给所有的学习者提供有意义的反馈。
我将去哪里?	2. 提出学习目标:力和运动具体存在怎样的关系? 为了让学生了解 2 000 多年前科学还处于萌芽状态下亚里士多德得出错误结论的历史必然,学生上网查阅史料并推送共享。	运用教师端的 Hiteach 软件下传文件,学生端的 Hilerning 接收,将前置课程中学生查找的资料进行共享。意在让学生对力和运动历史发展过程再认识的同时引出本节课的学习目标。	运用一系列合适的观察、评价、监控和鞭策策略,促进学生资源的搜索能力。

《牛顿第一定律》改进的教与学		促进学习的评价实施	
		评价的策略	评对教的促进分析
怎么去？	3. 教学模式采用了翻转的理念，执教者提供"惯性"导学案和微视频，学生根据以下流程实现对知识的第一次卸载。笔者利用软件对学生学习过程留下的痕迹进行分析，汇总所有反馈触发了我课中的两个教学行为，行为①展示前置作业中部分惯性现象的例子，典型表述错误进行纠正，还发现一个前沿的案例"红视现象"，这名学生课中科普歼15战斗机在甲板制动时飞行员为什么会有"红视现象"。 	① 在适当时平衡形成性评价和总结性评价的运用来支持、证实和记录学习； ② 解构标准，转化为更小、更具体子过程。 "翻转"导学案中客观题数据统计	有效地使用多种、合适的评价数据来确定每位学生的学习需要，开发差异化的学习经验。 "翻转"导学案中主观题的反馈
如何缩小差距？	对"验证气体有惯性的实验设计图"进行交互，这是我在前置作业中选出的几个代表性作品，上传好后学生投票自认为最合理的方案，讨论过程小组生成的新想法输入评价栏并上传，反馈屏滚动呈现，学生借动态生成的资源再次批判、完善，最终创造出最佳方案，受该同学前置作业的启发，执教者在课前做好了该方案的实验器材，器材课中对该方案进行演示。	使用能够推动教学的评价程序和工具去确定学生的学习需求，设计聚焦性教学；将评价作为教学的一部分来诊断学习者的学习需求，设定实际的和有挑战性的提升目标并计划以后的教学。	致力于给学生提供有关他们进步的及时、有效的描述性反馈。

续　表

《牛顿第一定律》改进的教与学	促进学习的评价实施	
	评价的策略	评对教的促进分析
如何缩小差距？		
到达目标回望	最后教师用思维导图对本节课的思路进行了梳理,并把导图上传至云平台。课后学生下载并可在原导图上按照自己的思路随意修改重构。针对本节疑点也在线交流,本节课的悬点方案上传,为下节课的交互提供原材料。	教学生进行自我评价,为学生提供机会去追踪、反思和分享他们的学习过程,建立循环激励并为下一步学习设定目标。	致力于使学习者积极地参与评价过程,开发每位学习者审视和交流他们自己进步和学习的能力。

（三）研究突破

1. 率先在全国中学物理学科整合了评价与教学,形成"以评促学"的教学模式

对已有"促进学习的评价"理论做出论证,使原有理论深化的同时,建构了如何利用课堂的教学评价培养学生主动发展的有效操作模式,具有很强的操作性。开创性提出了信息技术与评价深度融合的主要表征和推进策略,厘清了评价与师生、环境之间存在的内在关联,做了三个维度的整合,形成了"以评促学"的校本评价体系。

2. 研发了支持评价的云平台，实现了评价与信息技术对接

信息技术作为 20 世纪以来人类社会最重大的技术创新，团队通过颠覆性创新和破框式重建研发平台，有效改变同质化、标准化的传统评价体系，打造了开放、多元的新型现代教育评价系统。该系统让过去的教与学完全依赖经验走向数据实证，技术的引入正引领"以评促学"的课堂走向动态生成的、结构开放的高效互动的形态。该平台可以推广到所有学科，它不仅可以支持"以评促学"的教学模式，对教师作业的线上批改、学生问题化学习等都可以提供支持。

3. 建构了成果辐射教育资源薄弱地区的有效路径——"互嵌式"实践路径

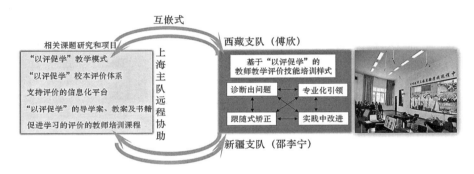

图 5 "互嵌式"实践路径流程图

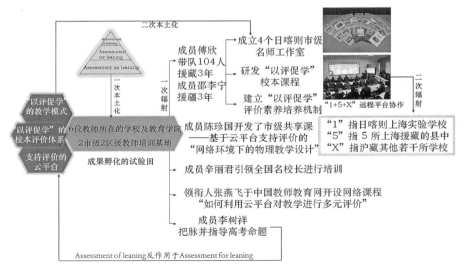

图 6 成果全景辐射推广结构图

四、研究反思

1. "以评促学"教学模式需进一步推广,教师评价素养的提升更需专业平台

由于长期以来很多教师教学模式偏重于传授式,互动很少,用评价来促进教学就更觉得无从下手。如何提升教师评价素养,如何诊断教师教学行为中的困难,促进教师自我分析和反思,显然,仅仅建构"以评促学"的教学模式作为示范是远远不够的。"教学评估——改进"的临床诊断这门技术需要得到社会应有的重视,同时需要架构起有效的合作平台,切实提高教师评价素养。

2. "以评促学"教学模式的深入推广还有赖于评价机制的转变

课题组进行实践过程中,许多教学改革一线的老师都不约而同地提出了同一个困惑:"以评促学"的育人模式的确是适应了时代发展的需求,但在教学实践过程中,不得不用快餐模式来维持教学的进度,以便腾出更多的时间做题,教学中的过程性评价因无法腾出足够时间导致很难落实到位。可见如果评价体制不优化,还是以分数和升学率作为考核的主要指标,那么,"促进学习的评价"在教学实践中的落实还是艰难的。

3. 教育援藏援疆需要持续不断地完善具有标杆引领作用的"智慧型上海实验学校"

在以受援单位为支点,开发已有的校本师训资源的基础上,还需要进一步扩大上海与西藏、新疆合作范围和深度,优化地区之间、校与校之间的优质教育资源共享机制和教育创新合作机制,教育援疆援藏任重道远。

参考文献

Stiggins, R., Arter, J., Chappuis, J., & Chappuis, S.. Classroom assessment for student learning: Doing it right-using it well [M]. Portland, OR: ETS Assessment Training Institute, 2004:27.

依托项目学习,培养计算思维[①]

——指向思维发展的中小学信息技术学科教学实践

谢忠新　曹杨璐　李晓晓　褚金岭　李　盈　王　荣

计算思维自提出以来即受到计算机教育界的重视,也被认为是智能化社会公民的重要素养。作为一门与时代发展关系极其密切的课程,信息技术课程理应成为学生计算思维培养的沃土。2017 年普通高中信息技术课程标准(2017 年版)中将计算思维确定为信息技术学科的核心素养之一,但是在学科教学实践中普遍存在着重学科知识技能轻学科思维培养的现象,如何在信息技术学科中有效培养学生计算思维,成为信息技术学科教学改革的热点问题。

一、问题的提出

多年来中小学信息技术学科教学中普遍存在着"教师比较注重并熟悉学科知识技能的教学而忽视学生计算思维的培养,不知如何在学科教学中有效落实计算思维培养"的问题,可以参考借鉴的中小学生计算思维培养教学方法、模式和策略等研究实践成果不多。

为了解决"中小学信息技术学科教学重学科知识技能轻学科思维"这一现象,本研究团队自 2015 年以来聚焦"如何在中小学信息技术学科中有效培养学生计算思维?"这一核心问题,围绕以下四个子问题展开研究与实践探索,力图为指向学生计算思维培养的教学变革提供可参考借鉴的实践范型。

(1) 如何理解中小学生的计算思维? 准确界定中小学生计算思维及其内

---

①　本教学成果获得 2021 年上海市优秀教学成果奖二等奖。

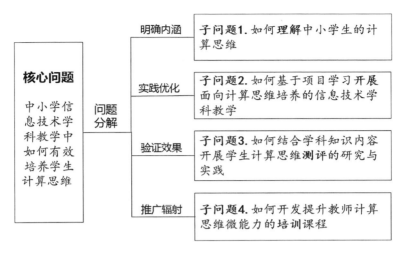

图1 核心问题与四个子问题的关系

涵,是有效开展面向计算思维培养的中小学信息技术项目化学习研究和实践的前提。

(2)如何基于项目学习开展面向计算思维培养的信息技术学科教学?计算思维作为一种抽象的内在型目标,如何基于项目化学习的理念与方法,将计算思维的培养融入既定的信息技术学科教学目标,设计相应的面向计算思维培养的信息技术学科教学模式并开展实践,是本研究重点解决的一大问题。

(3)如何结合学科知识内容开展学生计算思维测评的研究与实践?设计面向计算思维与信息技术学科知识测评的题目,以便找到更好的方式检验教学模式的实践效果。

(4)如何开发提升教师计算思维微能力的培训课程?教师迫切需要能帮助其深入理解计算思维并指导其设计计算思维培养活动的培训课程,以便能更好地开展学科教学。

二、成果的主要内容

经过8年的研究与实践,提炼出计算思维内涵理论体系;构建了在信息技术学科教学中面向计算思维培养的六种项目化教学实践模式,积累了大量的实践教学案例;构建了计算思维测评方法,设计多个面向计算思维和学科知识的测试题目并进行测评实践;基于教学模式与实践总结开发了 7 门提升教师计算思维微能力的培训课程,在实践过程中形成了十几篇有影响力的论文与多个市区级课题,培养了一批优秀的信息技术学科教师。

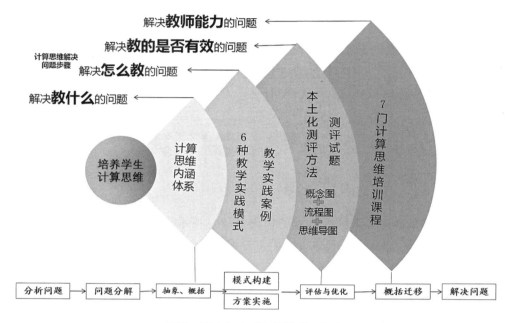

图2 研究与实践取得的成果概览

(一) 提炼了计算思维的内涵

提炼中小学生计算思维的核心内涵为用计算机解决问题过程中的一系列思维活动,包括分解、抽象、概括、算法、评估五个要素。总结使用计算思维解决问题的一般过程:首先将复杂的问题分解成一系列小而易于管理的问题(分解);再对这些小的问题单独观察,思考先前已经解决的类似问题(概括);分别仔细研究这些较小的问题,仅关注重要的特征,忽略不相关的细节(抽象);接下来设计用于解决每个较小问题的简单步骤或规则(算法),形成解决问题的方案;对设计的解决方案进行评估(评估);最后,通过计算机编程或其他信息处理工具以帮助最好地解决复杂问题(调试)。

(二) 构建了六种面向计算思维培养的项目化教学模式并加以实践

基于项目学习的理念与方法,围绕如何利用相关信息技术解决问题,构建了

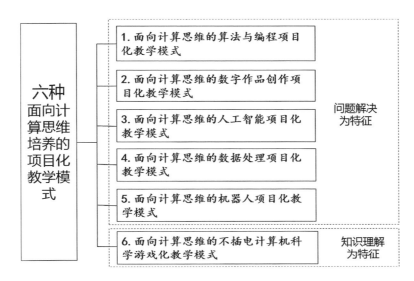

图 3　六种面向计算思维培养的项目化教学模式

在信息技术学科教学中面向计算思维培养的六种教学实践模式。

1. 面向计算思维的算法与编程项目化教学模式

小学和初中以图形化编程为载体、高中以 Python 为载体的面向计算思维的算法与编程项目化教学模式，如图 4 所示。在编程项目中，通过"分析真实情境，分解问题—厘清关键需求，实体抽象—搭建自由脚本，模式识别—调试修改脚

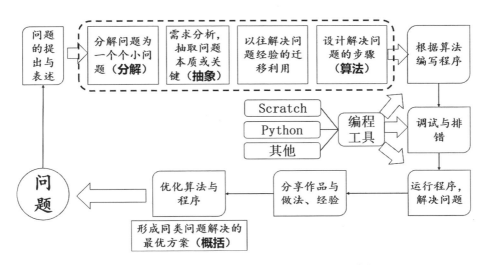

图 4　面向计算思维的算法与编程项目化教学模式

本,算法优化—分享交流作品,评估改进"的五步探索学习,让学生体验一个程序的完整开发过程,融入计算思维五大要素,培养学生自主创新、思考、解决问题的能力。

浦东及其他区十多所小学与初中的信息技术教师基于该模式开展了《打地鼠》《龟兔赛跑》《搬砖问题》《小猫跑垒》《大鱼吃小鱼》等算法与编程教学实践。教师们普遍认同其为算法与编程教学中计算思维的培养提供了抓手,成效明显。区基地教师开设的区级公开展示课《垃圾分类大作战》《运动小达人》等获得好评,辐射影响了浦东小学信息技术教师。

2. 面向计算思维的数字作品创作项目化教学模式

在学科有关信息处理内容的教学中,构建了面向计算思维培养的数字作品创作项目教学模式,如图5所示。从项目情境中抽象出数字作品的需求分析;将其分解为一个个小问题,对数字作品结构、作品要素、小组成员任务等进行分工;小组协作形成数字作品制作方案,由子问题的具体解决步骤组成作品的整体创作步骤;选择适合的工具开展作品创作;进行作品自评和互评,并优化和完善作品;总结发现子问题之间的共性特征,提炼通用模式或解决方案。

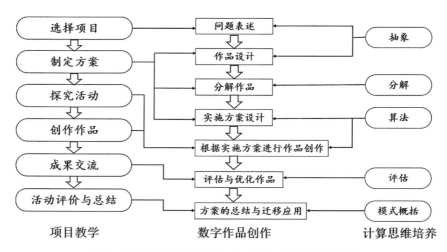

图5 面向计算思维的数字作品创作项目化教学模式

该教学模式最初在浦东新区信息技术教师培训基地的近20名信息技术教师中尝试应用,开展了《认识思维导图》《孔雀的羽毛》《"节约粮食"电子小报制》

《红色寻访之旅》《数码相册制作》等教学实践,得到一致好评。后来教师们主动将该模式推广至区内外其他学校,在数字作品创作的教学活动中有效落实学生计算思维培养。

3. 面向计算思维的人工智能项目化教学模式

面向计算思维培养的人工智能项目化教学模式如图6所示。教师首先结合人工智能知识,设计具有现实意义的项目,包含项目情境、人工智能知识点,完成项目的学习支架。通过教学引导,学生自主探究,最终学生完成项目,提交项目作品。在项目学习中学生潜移默化地完成"感知人工智能—理解人工智能技术—应用人工智能技术—创造人工智能"这一学习过程。

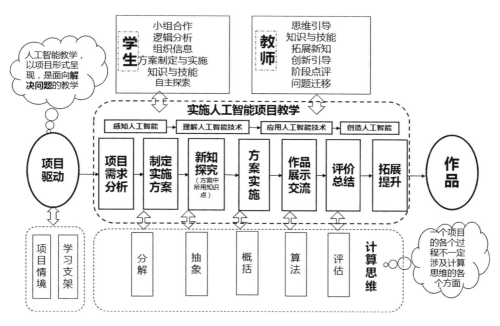

图6 面向计算思维的人工智能项目化教学模式

该模式已应用于浦东几所小学与初中的信息技术学科教学,部分学校还将其应用于人工智能兴趣小组教学。"智能手环与数据分析""智能音箱与人机对话""机器巡线与程序设计"等探究项目中,学生学习积极性高涨,计算思维水平明显提高。基地教师开设的《爬楼梯车轮设计优化实践》《识图模块的编程应用》等多节市区级公开课,得到评课专家和同行教师的认可。

4. 面向计算思维的数据处理项目化教学模式

在有关数据处理内容的学习过程中,构建了面向计算思维的数据处理项目化教学模式,如图 7 所示。在真实的问题情境中,学生应用数据抽象建立数据对象模型,应用问题抽象建立问题的数学模型,应用计算机实现问题求解的算法,将计算思维培养融入数据的采集、存储、检索、加工、变换和传输的活动中。

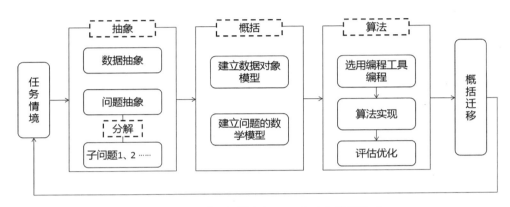

图 7　面向计算思维的数据处理项目化教学模式

该模式强调解决问题的通用性方案和思维过程,在理解核心概念的基础上,分解任务后进行编程实现,可以提高编程实践效率,同时通过对问题进行归类,并迁移与之相关的其他问题解决中,有利于弥补课时不足的问题。目前该模式已应用于浦东十几所中小学的信息技术学科教学。例如,基地教师开设的《制作成绩登记表格》区级公开展示课,辐射影响浦东小学信息科技教师,使得更多的教师在自己的课堂教学中,实践如何基于数据处理教学模块培养学生的计算思维能力。

5. 面向计算思维的机器人项目化教学模式

面向计算思维培养的机器人项目化教学模式如图 8 所示。分析问题阶段,由项目情境引出驱动任务,学生通过分解和抽象将复杂的真实问题转化为更具体的学科问题;整理资料阶段,学生运用信息技术工具收集和整理信息,并对信息进行筛选和归纳;设计方案阶段,除了借助学习支架梳理方案外,还要对方案进行评估;实施优化阶段,学生需要综合运用技术方法和学科知识开展制作,并对方案进行调整优化;展示分享阶段,对项目成果进行综合性描述、展示以及评价。

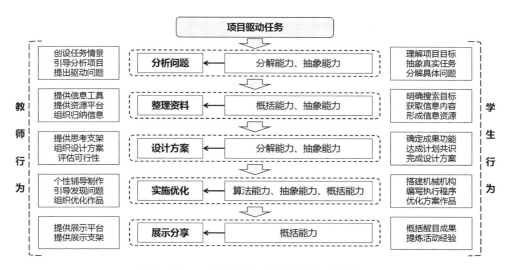

图 8　面向计算思维的机器人项目化教学模式

基地教师在学校教学中开展了《社区快递机器人》等项目教学实践,在机器人项目活动中将计算思维培养融入分析问题、整理资料、设计方案、实施优化、展示分享各个环节。基于该教学模式开设的《交通红绿灯》区级公开展示课,充分展现了学生计算思维培养在机器人项目化教学各个环节中的渗透。

6. 面向计算思维的不插电计算机科学游戏化教学模式

围绕"知识理解"为特征的教学,构建了面向计算思维培养的不插电计算机科学游戏化教学模式,如图 9 所示。在七步走的过程中,通过预先设计好的游戏环节和细节,关注学生内在的思维过程及思维变化,帮助学生学习如何描述问

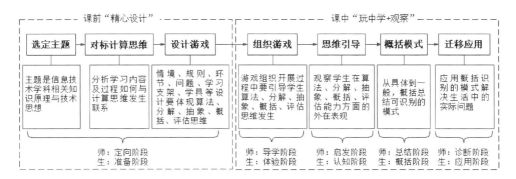

图 9　面向计算思维的不插电计算机科学游戏化教学模式

题,确定解决该问题所需的关键点,并将其分解为细微的逻辑步骤,以便他们随后可以创建解决该问题的流程,然后评估此过程。

该模式已在浦东及其他区的十几所中小学的信息技术学科教学中应用,将对学生计算思维的有效培养渗透在信息技术学科知识与技术思想理解模拟的过程中。多个学校教师基于此教学模式对算法思维、顺序搜索、二分搜索、TCP/IP 协议等原理性知识进行设计,开展了《疯狂的角色》《生活中二进制数》《猜谜游戏》等游戏化教学实践,深受学生欢迎,教学实践案例的辐射面宽广。

(三)构建了"3 图 1 作品"和问题情境题计算思维测评方法并加以实践

1."3 图 1 作品"计算思维测评法

当前 K-12 阶段的计算思维培养中缺乏一种思维加工的辅助工具,用以记录并显性化呈现学习者的思维从识别问题到形成方案的全过程。这使得教学很难深入思维发展的细节部分,做出有针对性的指导和评价,使得计算思维培养的效果存在局限。本研究基于项目教学中"问题解决"视角,构建"3 图 1 作品"的计算思维测评方法。

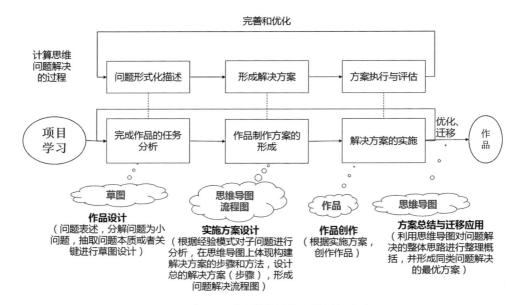

图 10 "3 图 1 作品"的计算思维测评方法

项目学习中一般都会形成作品,会有问题解决方案的过程,基于问题解决视角,草图、思维导图、流程图以及最终作品作为计算思维加工过程的可视化承载工具,设计相应的评价指标来对学生计算思维相关能力做出评价。

2."1个真实问题情境+N道题目"的计算思维项目化测评方式

测评题目面向真实情境下实际问题的解决,包含1个问题情境+N道题目,每一道题目都同时蕴含计算思维测评要素点和信息技术学科知识点。通过设计相应的评价指标对学生的测评题目分析与解答情况进行评价,从而实现对学生计算思维综合能力、信息技术学科知识习得水平的量化评价。如图11所示。

浦东新区信息技术教师培训基地的近20名中小学信息技术教师,已在自身的学科教学中利用两种方式开展计算思维测评实践。师生实践后认为,两种计算思维测评方法及指标,使

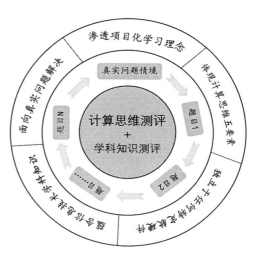

图11 "1个真实问题情境+N道题目"框架

教师能够有抓手对内隐的计算思维进行量化评价,帮助教师评判培养成效,学生在完成测评的同时也收获了解决问题的成就感。

(四)开发了计算思维能力微认证教师培训课程并加以应用

在文献研究、专家研讨、一线教师调研的基础上,团队将计算思维分解细化为7个微能力,对应设计开发7节教师计算思维微认证培训课程,即《有效抽象问题》《合理分解问题》《有效实现及使用常见算法》《清晰形式化表达》《有效验证、运行和调试算法》《合理迭代优化算法》《灵活迁移模型与算法》。每一节课程均按照"解读能力—挖掘问题—提炼策略—剖析案例"的思路展开,时长30分钟左右,如图12所示。

目前课程已完成录制并用于部分地区高中信息技术教师培训学习,未来也将通过在线学习的方式帮助更多教师将计算思维的理念融入课堂教学,从而推进学生计算思维能力的培养。

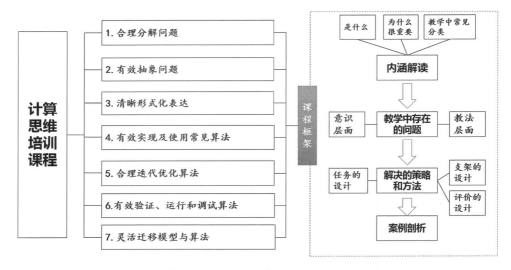

图 12　计算思维能力微认证教师培训课程目录及框架

三、成效与反思

（一）解决的具体问题

1. 帮助教师加深了对计算思维内涵的关注、理解和认识

笔者自研究以来，主持了上海市第四期双名工程信息技术"攻关计划"培训基地、浦东新区信息技术教师培训基地的培训研修带教，三年一轮的基地结束后，所有教师学员对计算思维内涵的理解和认识明显加深。大部分基地学员围绕计算思维的有效培养申报立项了自己的研究课题，组建了校内研修团队，将对计算思维内涵的解读分享给更多的信息技术教师。

2. 提供了学科知识到学科核心素养培养的实践操作路径

立足学生计算思维培养，设计不同课程内容的教学模式，通过问题解决导向的项目式教学和评价方式开展教学，以学生为中心，突出实践与创新育人。其研究成果为学科知识转化成核心素养培养的学习模型提供实践依据，越来越多的信息技术教师能够在自身的课堂教学中，设计计算思维培养的教学活动。

3. 提供了中小学生计算思维测评的视角及方法

构建的面向问题解决的"3 图 1 作品"、面向真实情境下实际问题解决测评题等中小学生计算思维测评方法，已在多所学校开展应用。

4. 提供了指向计算思维教学的教师指导课程

以培养具有计算思维教学能力的教师为目标，设计开发的计算思维微认证系列课程，为信息技术教师提供了实实在在的专业成长指导，方便一线教师学习、模仿、实践与创新。

（二）所取得的实际效果

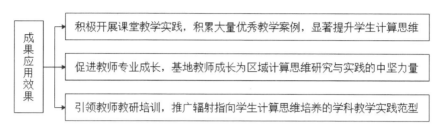

图 13　成果所取得的实际效果

1. 积累了大量信息技术学科一线教师的课堂教学优秀案例，显著提升了学生计算思维能力

市、区两级基地教师以及成果辐射的一线学科教师，纷纷立足自己的课堂开展面向计算思维培养的不同主题的项目化教学实践。通过创设情境问题，巧搭学习支架，以及多元化的观察诊断，引导启发学生分解、抽象、算法、概括、评估思维的发展及迁移应用，积累了近百个优秀教学实践案例，使 2 000 余名学生的计算思维水平得到显著提高。

2. 推动了市、区两级信息技术教师培训基地的教师跨越式成长为区域计算思维研究与实践的中坚力量

带教市、区两级基地信息技术教师 50 余人，举行计算思维专题研修活动近 60 次。50 多所试点校 50 多位基地教师在课堂教学中实践计算思维培养的教学，多数教师成为所在区计算思维研究与实践的中坚力量，先后开设几十节区级公开课，完成数十个市区级相关研究课题。基地教师又各自带领与指导自己区内更多的学科教师开展研究与教学实践，起到引领与辐射作用。

3. 有效引领辐射了上海及外省市中小学信息技术教研培训，推广了指向学生计算思维培养的学科教学实践范型

受邀为徐汇、崇明等上海市近十个区以及广东中山等外省市开展计算思维

专题讲座和培训,辐射教师 2 000 余人。开发的教师计算思维微能力培训课程,为全国中小学信息技术教师提供了实实在在的教学指导。凝练的十余篇高质量学术论文发表在中国电化教育、中小学信息技术教育等多个有影响力的杂志上,产生了一定的社会价值。

(三)需要进一步探索的问题

计算思维培养是一个循序渐进的过程,不同学段计算思维培养应各有侧重并建立衔接,小、初、高各学段计算思维培养的差异性和衔接方法研究需要进一步探索,并探索在幼儿思维发展中渗透计算思维要素的可能性。同时,将在借鉴国内外现有计算思维评价工具、理念与方式的基础上,持续本土化的中小学信息技术学科计算思维测评研究及实践。

问题导向的初中学校 APPR 课程模式的建构与实践①

刘玉华　杨四根　张丽芝　赵之浩　朱海兰　仇虹豪

学校是落实立德树人根本任务、实施国家课程的基本单位。学校课程是国家课程、地方课程和校本课程在学校场域中有机整合的结果,具有学校现实性、内容全面性、实施统整性、操作具体性和行动扎根性等特点。

我们经过 15 年的学校课程实践,以评估诊断为基础,设计推进课程改革路径,提炼学校课程实践智慧,建构了由问题诊断(Analysis)、系统设计(Plan)、实施推进(Practice)和反思提升(Reflection)四步循环、行之有效的 APPR 课程模式。

一、问题的提出

2001 年《基础教育课程改革纲要》提出改变课程管理过于集中的状况,实行国家、地方、学校三级课程管理,增强课程对地方、学校及学生的适应性,从此结束了大一统课程局面,学校的课程意识被唤醒。2014 年教育部发布《关于全面深化课程改革落实立德树人根本任务的意见》肯定了课程改革在立德树人工作中发挥的重要作用,提出"坚持系统设计""坚持重点突破""坚持继承创新",这为学校课程建设指明了方向。然而,在实践过程中,学校课程还存在以下现象:

1. 有碎片,无计划,随意性较强

学校课程起步阶段,大多以教师设计实施为主,随意性大,缺少对学生需求

---

①　本教学成果获得 2021 年上海市优秀教学成果奖二等奖。

的调研、调控,缺少专家和同行的专业指导。

2. 有框架,无逻辑,大杂烩堆积

学校有课程框架意识,但各校本课程间缺少关联,缺少与国家课程、地方课程的统整;实施过程缺少科学监管,整体的逻辑性、系统性无法得到保障。碎片化、大杂烩,逻辑建构没有形成。

3. 有经验,无反思,低水平重复

学校有大量的课程经验,但缺少在反思基础上的提升,始终处于低水平重复状态。

本成果聚焦于问题导向的学校课程实践,要解决的主要问题是:如何诊断、分析学校课程发展的基础和问题? 如何形成合理有效的、符合逻辑的学校课程架构? 如何在实践中与时俱进地对学校课程进行校本化地迭代更新? 如何形成相关机制,让更多学校投入到课程改革之中?

二、成果的主要内容

我们在整理二十余种课程设计模式的基础上,形成基于评估诊断的 APPR 学校课程发展模式是基于循环实践的行动模式:由问题诊断、系统设计、实施推进和反思提升四步循环,如图 1。

图1 APPR 课程发展模型图

（一）问题诊断

开发了学校课程问题诊断工具群,清晰把握课程发展基础。APPR 的问题诊断包括三个层面:宏观上指学校所在地域文化特征分析,中观指学校课程现状分析,微观上指校内的课程问题与师生需求分析。宏观视角的文化分析包括两个方面:一方面是分析学校及其地域文化的历史视角,分析学校可继承的文化优势及发展空间;另一方面处于上海这个教育国际化聚焦之地,我们也要把学校、学生与教师放在国际教育发展的大背景之下,进行面向未来的分析,如图 2。

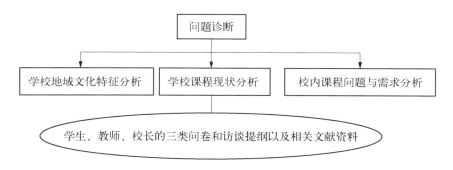

图 2　课程问题诊断结构图

诊断的方法包括观察法,查阅学校相关文献资料,根据教师问卷、学生问卷、校长问卷与访谈,由表及里,对学校概况、学校课程情境进行诊断评估,分析学校课程现状的优势与可发展空间,挖掘学校特色与教师、学生和社会文化资源。

（1）观察:指校外人员通过校园环境观察、学校大型活动、听课活动等对学校课程情况进行简单评估。

（2）文献:包括学校督导报告、绿色指标报告、学校课程规划文本等。① 督导报告:以外来专家实地考察的形式形成的专业报告,对学校优势和发展空间有专业的把握,可以作为学校进一步发展的评价依据。② 课程规划:学校每年会上交课程计划或课程规划,表现了学校对于自身发展的主观意愿和实践愿景。③ 绿色指标:上海市统一的学生素养评价,每三年一次,初中主要针对初三学生。目前有 2015 年、2018 年两个报告反馈到学校。2018 年考查的学科素养涉及语文、数学、英语、科学、艺术五个学科。此外,通过家长、学生、教师、校长四个方面的问卷对 6 个一级指标、17 个二级指标进行了分析,涉及学校课程在非成绩因素方面的效果评价。

（3）问卷：我们在上海市"绿色指标"综合评价学校报告的基础上，补充了若干追因评价模块，根据学校"绿色指标"数据报告进行针对性使用，拓展了学校课程分析、诊断、完善的空间。在课程实施过程中，创造性地利用历年数据、信息纵向比较，清晰地把握了学校课程增值指数。

（4）访谈：问卷设计时借助访谈进行问卷优化；深度追因时，通过访谈了解数据背后的故事。

考虑了教师、校长、学生对问题不同侧面的理解，以三角互证的视角分析不同主体对学校课程的思考，见图3。

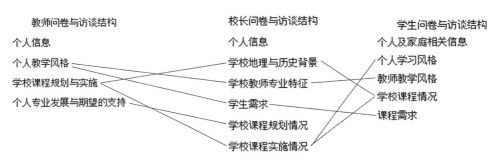

图3　学校诊断问题关系与结构

（二）系统设计

学校课程的顶层设计需要以系统化的思路解决学校课程碎片化、无逻辑等问题。为此，我们需要综合性地对学校课程的问题进行诊断，在此基础上结合学校课程哲学与育人目标，以关联和整合为总的原则，对学校课程进行整体规划。我们以"明确学校教育哲学、分解学校育人目标、架构学校课程系列、设计实施与评价策略"的四步设计法，如浦江一中课程体系逻辑图，见图4。

不同的课程观将确定不同的课程类型。我们的学校课程路径设计，以分析学校课程情境为起点，以确定学校教育哲学为引领。

1. 建立教育哲学，确定课程理念

个性与社会力成为张力的两级，需要在实践中达到最佳平衡。学校课程观应该是以学生的发展为中心的，既要考虑学生的课程需求，更要引导师生认识世

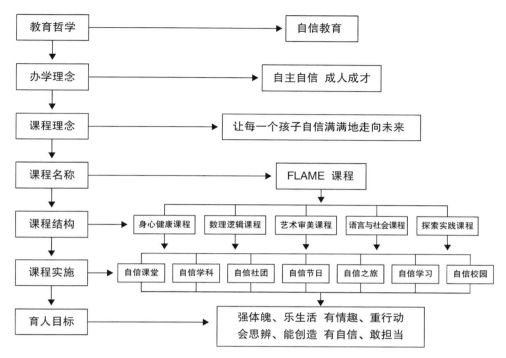

图 4 闵行区浦江一中"FLAME 课程"逻辑图

界的未来发展,在此前提下参与到学校课程的架构中来,成为课程建构的对话者、实施的参与者。如建平西校的课程哲学是"让每一个生命蓬勃生长",实验东校的课程哲学是"与生命相连,与生活相通,与生态相融",北蔡中学的课程哲学是"在这里,与最好的自己相遇"等。

2. 确立育人目标,厘定课程目标

如果说学校的课程哲学具有"传承性",体现学校的文化底蕴,那学校育人目标就更具有时代特征和更多的灵活性。学校需以"五育并举"为引领,结合其育人目标在每一个年级的分解,形成学校课程目标。如南汇二中"五个一"的课程目标"一颗美丽的心灵、一个智慧的头脑、一副健康的体魄、一双敏锐的眼睛、一身过硬的本领",指向德、智、体、美、劳五育而非一一对应,"一副健康的体魄"并非对应体育课程,更不是体育课,而是在各学科和学校活动中体现的"健康"意识与健康能力,特别包括心理建设、课间活动等;"一双敏锐的眼睛"也不只对应美术课,而是在各学科学习和学校活动中发现美、创造美的能力,如各学科内在感性美与理性美、教室校园美、日常书写美与规则美等;"一身过硬的本领"更不是对应于劳技课,而是在社会实践与职业体验等活动中综合实践能力的表现。这样将体现各学校智慧的"通学段""跨学科""融德育"的育人目标分解到各个年级,形成各样阶梯递进的目标体系。

3. 建构课程框架,丰富课程体系

学校课程体系的建立需要有"破与立"的观念,即既要保持原有学科课程的完整性,又要打破原有的学科界限,建立学科与学科之间的关联,形成相互关联的学科群。如语文与英语同为语言类,这一类之下可能还包含地方语言或日语、韩语等,其学习可以以原有学科的学习为主,但教师也要有"通学科""跨学科"的意识与能力,通过对比式在领域内跨学科学习,以闵行区浦江第三中学"有氧"课程为例,见图5。

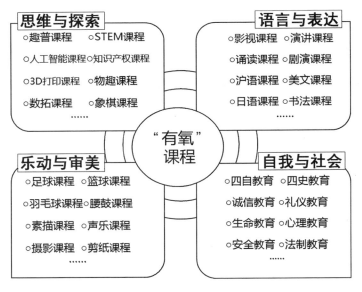

图5 闵行区浦江第三中学"有氧"课程结构图

对于"跨学科"的学习,目前多见的是STEM课程和项目化学习,但跨学科的学习绝不仅于此。除了前面提到学科群内的跨学科,还存在更广泛的跨领域的跨学科学习,如数学史的内容可能涉及数学、天文物理、历史、哲学、音乐、美术等多个领域的综合;武术课的内容可能涉及体育、韵律、哲学等领域;表演可能涉及编剧、舞台美学、服装美学、语言美学、动作美学、摄影和后期制作以及沟通合作能力等。

课程体系"破与立"的过程是一个渐进的过程,其阻力一方面来自人的认识,另一方面还来自行为惯性。因而学校课程的评价也要结合学校课程实际,实施高观点引导下的积极评价,也决定了学校课程的路径是需要以循环往复、螺旋上升的实施推进过程。

在"学科群"的建设过程中,我们需要引导教师关注学科教育哲学的引领作用,在学科教育哲学与课程目标的引领下,建构各"学科群"的课程体系与评价方法,发动更广泛的教师参与到学校课程建设中来。

如上海市南汇第二中学的15个学科课程群,以数学学科为例:以"数学再创造"为学科教育哲学,以国家课程为基础整合数学实验、数学史、数学游戏、数学制作等学科课程,形成学科课程群,获得上海市第七届科研成果三等奖,在课程研讨、设计、实施的过程中,走出一批优秀教师。

4. 设计实施路径,考虑评价方法

实践推进的科学性,在于实践之前的实践路径设计。涵盖了从学校环境设计、学校课堂教学、学校育人育德、学校活动、项目化学习活动等18个设计突破点,指向学生成长的学校活动都涵盖在学校课程之中。

实践中我们特别重视评价的设计,要求老师在课程设置时实践与评价同步相伴。没有评价设计,课程实践与课程目标就容易形成两张皮;没有评价的优化,实践的改进也缺少方向引领。在学校课程规划与学科课程建构的过程中,"评价"常常是被忽略的部分;但在APPR课程发展模式中,特别关注评价意识、评价工具的进步性,使学生与师生能够有更先进的评价理念促进课程的不断优化发展。

此处评价分为四种不同程度的评价,一是研究评价,二是学校课程整体评价,三是教师的课程评价方式,四是学生学习评价。以学校课程评价的18种创意为基础,提供给学校和教师多视角的评价方式,以激活课程评价的活力与张力。

(三) 实践推进:激活了学校课程实施的多维途径和方式

学校课程的实施推进方法,我们参考斯腾豪斯过程模式和施瓦布的实践模式进行规划。课程对人的成长与发展的影响是整体性的,其内在的力量是系统发生的,我们需要多维度地系统聚合,以促进课程与生活的全面融通。因此,多维的课程实施路径、多元的课程评价方法以及多角度的课程管理体系是学校课程深度变革的"生态系统"。推进学校课程深度变革必须激活这个"生态系统",才有可能真正使得学校课程变革"扎根过程",才有可能真正触及每一个儿童真实的自我,帮助他们获得独特个体的成长经历与体验。

因此,学校课程从学科群课程建设、课堂教学优化、校园活动与环境文化等方面践行学校教育理念,促进育人方式变革,探索课程评价方式,深度推进学校课程建设,落实立德树人根本任务。

在学校课程管理方面,我们形成了学校课程管理的 18 个智慧,在此过程中特别关注制定学校课程管理机制与评价细则,收集对比性证据,实证课程实施成效。实证意识是课程评价的关键,实证性不只体现在制定评价细则、实践推进和管理、评估与反思的各个阶段。

(四) 反思提升: 把握了学校课程发展的迭代更新技术

社会是发展变化的,这决定了先进的学校课程也不可能是一成不变的。对学校课程实践及时反思总结,进行再设计,如此循环推进,可促进学校课程的迭代发展。

杜威认为反思是有意识地探究行动和结果之间的联系,并在深层上使二者实现意义联结。学校课程变革是一种反思性实践,需要对实践进行反思,再将反思带到新的实践中去。反思性实践是一种主动且持续地审视理论、信念和假设的过程,它可以帮助我们在课程实践中审思每一个专业判断之下的潜在逻辑,选择合适的方式应对可能的情境。

APPR 模式以行动研究为线索,每一发展周期(如学年)结束对课程规划与推进实施成效借助更新的诊断工具进行反思总结,进行再设计,如此循环推进螺旋上升,即可促进学校课程保持其应对各种变化的适应性。

三、效果与反思

在 APPR 模式推广运用过程中,我们先以"圆点—涟漪"辐射机制以一校为核心,有重点、有梯度地逐层向外辐射,促进紧密型学区建设;再以"标杆—扩散"

联动机制,以学区各类学校案例为标杆和样本推进市基地学校和区基地学校的课程共同建设。成果应用于惠南学区 18 所学校、上海市"双名工程"攻关基地 9 所学校、浦东新区名校长基地 3 所学校,总计惠及 3 122 名教师和 39 386 名学生。

（一）实践效果

1. 均衡各学科学习,提升了选课自主性、认可度、自信心、睡眠指数

从 2015 年和 2018 年绿色指标数据对比看,以上海市南汇第二中学为例,保持了学科综合的高位运行,薄弱学科科学提升了 1 级(级别分为 1—9 级,9 级为最高),学生学习自信心提升了 2 级,学生的睡眠指数提升了 2 级。

以上海市"双名工程"校长攻关基地成员校九校中(2018—2021 年)数据对比为例,学生对学校课程的整体认可度由 60.17% 提升至 72.26%,学生对自己参与选课的自主性由 64.4% 提升至 71.73%,学生对学校 9 类专题教育的认同度有明显提升,有 4 项指标提升 10 个百分点以上,5 项指标提升 5—10 个百分点。

2. 教师课程意识明显增强,课程领导力明显提升

以上海市"双名工程"校长攻关基地成员校中(2018—2021 年)数据对比为例,见表 1。

表 1　上海市"双名工程"校长攻关基地成员校数据

评　价　方　向	2018 年前测数据	2021 年后测数据
教师的"课程领导者"意识认同	28.32%	37.4%
教师的"家长参与课程"实践认同	13.63%	25%
教师对学校课程制度的认同度	33.49%	44.72%
教师对学校课程奖励的认同度	17.39%	45.33%
教师对学校课程的认同度	34.08%	43.7%
教师对学校课程培训的认同度	32.31%	44.82%

3. 学校美誉度明显提升,学校课程领导共同体得以凝聚

第一个进行课程实践的上海市实验学校附属光明学校在 2015 年被评为上海市第二批新优质学校。上海市南汇第二中学牵头组建的惠南学区,在 2020 学

年获浦东新区"集团化学区化"考核优秀,排名第一。上海市"双名工程"刘玉华校长攻关基地成员校家长对学校课程整体认同度由83.44%提升到89.55%,其中的上海市香山中学于2021年成为上海市特色高中。基地成员校中赵之浩校长在2021年评到特级校长,并被评为2020上海教育年度新闻人物,朱海兰校长被评为2021年上海市优秀校园长。

4. 有思想观点,有具体模型,有实践案例,推广辐射影响力大

在梳理相关课程理论的基础上,强调"学校是落实立德树人根本任务、实施国家课程的基本单位""学校课程是国家课程、地方课程和校本课程在学校场域中的有机整合"等观点,形成实践成果(略)。

(二)反思

通过APPR课程发展模式的实践,学校的课程设计与实践能力得以提升,学校课程得以优化,教师与学生得以发展。

我们在实践中提炼APPR课程发展模式在以下方面得到发展:一是问题导向性,APPR课程发展模式是问题导向的课程发展模式。问题导向可以精准确定发展方向,制定课程规划。问题导向也是挖掘内在发展动力,促进自主发展的动力源泉。二是实践聚焦性,APPR课程发展模式是实践聚焦的课程发展模式。这一模式立足于学校的课程推进,通过诊断充分挖掘学校课程潜力,以案例为引导,引领学校课程实践适合于不同层次的学校使用。三是螺旋上升性,APPR课程发展模式的实践不是一蹴而就的实践模式,而是以行动研究的方式循环推进,螺旋上升的。在此过程中,反思性研究是重点,而反思又建立在下一个诊断的基础之上。四是理据多维性,综合运用情境模式、问题解决模式、目标模式、过程模式、理解模式等多个理论进行合理架构,解决实践问题,充分扩大各种课程模式的优势,规避其不足,实现实践的不断优化。五是发展灵活性,布迪厄以为实践离不开"场域"和"习性"的共同作用,因而实践在个人"习性"与社会"场域"的相互作用下表现出更多的灵活性。

APPR课程发展模式增强了学校课程发展的理性自觉,增强了学校课程发展的自我提升能力,增加了学校整体课程的逻辑性和系统性,推进了学校课程深度变革。

高中生创造力训练课程开发研究[①]

严一平　徐　明　崔蓉蓉　汤晓春

创造力是一个民族国家发展进步的灵魂和驱动,也是学生未来实现人生价值的着力点。自 2012 年以来,我校始终坚持探索开发创造力训练课程,作为上海市教科研年度规划课题"高中生创造力训练课程开发研究"正式立项。自课题研究实施以来,课题组在"创造力训练课程纲要、创造力训练课程学材、创造力训练评价体系"的开发研制,以及研讨式、项目式的创造力训练活动方面进行了深入探究,获得了创新性的研究结论和良好的研究成效。

一、问题的提出

其一,顺应新课程改革的背景。

新课程改革,尤其是上海市的二期课程改革,规划了基础型课程、拓展型课程、研(探)究型课程三类课程形成了课程结构,其中后两类课程鼓励发挥学校的自主开发。"创造力训练"课程正是自主开发的一门拓展型课程,是一门独具特色的课程。

其二,创建创新型国家的背景。

人们已经充分认识到,社会成员的创造力是国家兴旺发达的重要条件,发展社会成员的创造力是中国社会发展的当务之急。为此,我国确立创新驱动发展战略,要实现这一目标,在中学时代就要大力培养学生的创造力。

其三,新高考改革的背景。

---

① 本教学成果获得 2021 年上海市优秀教学成果奖二等奖。

二、成果的主要内容

我国的高考制度正处于重要的改革之中,改革的一个重要举措是实施自主招生考试制度,而自主招生考试的重要特征之一是注重考核学生的创造力。同时,高考的其他方面的改革也显示出注重学生的创造力的趋势。为适应高考改革的趋势,就要在高中阶段开发创造力训练课程。

"高中生创造力训练课程开发研究"是 2014 年由上海市教育委员会规划办立项的一般课题,本课题经过系统研究,取得了以下主要研究成果与主要研究成效。

(一) 研制《高中生创造力训练》课程纲要

本门课程纲要的文本设计是基于以学习为中心,由前言、学习目标、学习内容、学与教的方式、学习评价等五个部分内容构成,为开发学材提供直接依据。《课程纲要》概述如下:

五 大 板 块	概 述
1. 开发思路	第一,形成完整的课程纲要文本结构 第二,实现课程的三层级构建 第三,进行完整的课程运作 第四,本课程开发的三个突出特点
2. 学习目标	发展创造型的人格品质、思维品质、思维技能、知识结构
3. 学习内容概要	模块一:创造力发展概述 模块二:创造性地分析故事 模块三:创造性地分析问题 模块四:创造性地分析话题 模块五:创造性地设计
4. 学与教的方式	(1) 学与教方式的基本精神 　其一,以学习为中心 　其二,注重学生自主 　其三,注重学习的个性化 　其四,实现学习方式和教学方式的多样化 　其五,注重创造的实践,即注重实践性的学习方式

五 大 板 块	概　　　　述
4. 学与教的方式	（2）主要的学习方式 　　第一，创造型人格养成的自我导向和激励 　　第二，创造性思维品质的自主训练 　　第三，创造性思维技能的自主训练 　　第四，听教师讲解和示范 　　第五，自主地搜集各种相关的材料 　　第六，讨论交流和辩论 　　第七，实践体验 　　第八，广泛自学 （3）主要的教学方式 　　• 激励学生进行相关的学习和训练
5. 学习评价	一是创造力测验，可以应用当前国际上流行的创造力测验，如托兰斯创造思维测验等 二是苏格拉底式研讨评价，即组织学生进行交流研讨，在此过程中进行评价 三是表现性评价，即组织学生进行相关的创造性学习活动，在此过程中基于他们的表现进行评价 四是作品评价，即指导学生创造出各种相关的作品，包括设计作品，基于这些作品进行评价。其中包括代表作选辑评价 五是情境测试，即让学生进行创造性学习，在创造力训练的实际情境中，适时地进行测试，并及时促进学生创造力素质的建构，将评价与学习整合起来

（二）研发《高中生创造力训练》校本学材

本课题研究的目标是研发适合高中生的《创造力训练》校本学材。经过开发与实践研究，总结与形成了《创造力训练》学材体系的主要内容。目前已经编写完毕，并在创新班级的学生中开展试用。

《创造力训练》学材总字数为 94 000 多字，共分为五章。

具体内容包括：创造力发展概述、创造故事、创造性地分析问题、创造性地分析话题、创造性地设计，附录一：创造力的小测试，附录二：主要参考书目。

学材从内容上将训练分为三个阶段：

第一阶段为创造力基本素质训练阶段；

第二阶段为 Topics 中的创造力训练阶段；

第三阶段为设计中的创造力训练阶段。

每个阶段的创造力训练都以一定模块的学习内容为载体,第一阶段包括三个模块,第二阶段包括一个模块,第三阶段也包括一个模块;模块是基于学习为中心、便于学习的思路来研制设计的,每一模块都包含四个课程要素:学习目标、学习内容、学与教的方式、学习评价。其学习目标和内容参见下表:

学习内容	学 习 目 标	课程学习目标
创造力发展概述	1. 理解创造力概念 2. 理解创造力的结构 3. 领会高中学生发展创造力的意义 4. 能分析创造力的成分 5. 了解高中学生创造发展的主要途径 6. 能分析并运用高中生创造力的自主训练策略 7. 能分析亚里士多德和自己的创造力素质	**创造型人格品质** • **热爱独立思考,具有批判精神** • **热爱真理** • **具有高度的自信** • **能自主自立**
创造故事	1. 了解对本模块中的 21 个创造故事 2. 能分析其中 10 个创造故事中的主人翁的创造力素质 3. 能从这 10 个创造故事中得到创造方面的明确启示 4. 能自己搜集若干个创造故事并做类似本模块中的分析 5. 能深刻地体会创造的意义 6. 增强自己创造的兴趣	• **具有高度的社会责任感** • **具有强烈的成就动机** • **能锲而不舍、精益求精** **创造性思维品质** • **思维具有较高的流畅性** • **思维具有较高的灵活性** • **思维具有较高的独创性** • **思维具有较高的精细性** **创造性思维技能**
创造性地分析问题	1. 了解本模块中所提出的 36 个问题要点 2. 能创造性地多角度分析问题 3. 能在分析问题的基础上提出解决问题的思路或方案 4. 能从问题分析与解决中获得多层面的启示 5. 能够自己提出身边有价值的问题并作相应的分析讨论 6. 能从分析问题中学习创造性思维的方法 7. 增强创造性分析问题的能力	• **能有效地进行发散思维** • **能有效地进行演绎推理** • **能有效地进行归纳推理** • **能有效地进行想象** • **能有效地进行联想** • **能有效地进行逆向思维** **完善知识结构** • **能将自己的知识系统化,形成有序的知识体**
创造性地分析话题	1. 了解本模块的 24 个话题所引发的问题项目 2. 能尝试用批判性思维去解剖话题 3. 能在团队讨论中分析话题中的子问题项目 4. 能用求异求新的思维方法提出新观点 5. 能进一步探究话题的深层内涵 6. 能够自主发现新话题并适当分析	• **能不断地拓展自己的知识领域** • **能将不同学科的知识整合起来** • **能有效地将所学知识运用于实践**

（三）开发适合高中生创造力发展的评价体系

一是创造力测验，应用当前国际上流行的创造力测验，如下表托兰斯创造思维测验等。

测 验 内 容	分 测 验 内 容	评 价 指 标	
言语的创造思维测验	（1）问题 （2）猜原因 （3）猜后果 （4）产品改造 （5）非常用途测验 （6）非常问题 （7）假想	• 流畅性 • 变通性 • 独特性	考查创造性成就的智力能力水平： • 发散性思维能力 • 好奇心 • 假设性思维 • 想象力 • 情感表现力 • 幽默感 • 打破常规的能力
图画的创造思维测验	（1）图画构造 （2）未完成图画 （3）圆圈（或平行线）测验	• 流畅性 • 灵活性 • 独创性 • 精确性	
声音和词的创造思维测验	（1）音响想象 （2）象声词想象	独特性	

二是苏格拉底式研讨评价，即组织学生进行交流研讨，在此过程中进行评价。

评价的构成要素	构成要素的原则	评 价 指 标
选定研讨采用的文本	（1）文本形式包括小说、电影、实验步骤、画等 （2）学生根据主题自己寻找材料	• 批判性思维 • 阅读理解技能 • 听说技能 • 写作技能
教师提出起始问题	高质量的提问特点： （1）能引起研讨者好奇心 （2）没有单一或标准答案 （3）能产生对话 （4）能引起对文本中思想观念更深刻、广泛的理解	
设计简明的研讨过程记录表	客观记录反映研讨过程	

三是表现性评价,即组织学生进行相关的创造性学习活动,在此过程中基于他们的行动、表演、展示、操作、写作等更真实的表现来评价学生口头表达能力、文字表达能力、思维能力、创造能力、实践能力的评价方法。

四是作品评价,即指导学生创造出各种相关的作品,包括设计作品,基于这些作品进行评价。其中包括代表作选辑评价。

五是情境测试,即让学生进行创造性学习,在创造力训练的实际情境中,适时地进行测试,并及时促进学生创造力素质的建构,将评价与学习整合起来。

四个维度	维度总分	具体分值评价的参考标准
创新思维	3	3分　思维具有鲜明的独立性、质疑性和发散性
		2分　思维具有独立性、质疑性和发散性的倾向
		1分　思维的独立性、质疑性和发散性体现不明显
阅读技能	3	3分　能准确且全面地获取并理解文本包含的信息,流利作答,有自己的观点和评价
		2分　能获取并理解文本包含的关键信息,但有错误、有欠缺
		1分　基本作答,但不能把握住文本包含的关键信息
实践能力	2	2分　结合情境,能迅速找到理论依据对现象做出科学的解释;或提出合乎实际的、有效的解决问题的方案
		1分　能找到相关理论依据并做出相关解释,但有欠缺;或提出的解决方案不能完全解决问题
		0分　解释缺乏理论依据,方案与问题解决没有关联
整体印象	2	2分　应变机敏,心理稳定,人际沟通能力强;言谈举止等体现出较高的综合素质
		1分　应变的机敏性、心理的稳定性、人际沟通能力、言谈举止等一般
		0分　应变的机敏性、心理的稳定性、人际沟通能力和言谈举止等存在明显的偏差

（四）打造《高中生创造力训练》课程的三大实施载体

1. 建设创造力教育环境

学校于 2014 年从桂林路 120 号搬迁至现址,新的校区、校舍、硬件环境,同时也更新了学校服务器、路由器等设备,建立无线局域网全覆盖,增加出口带宽,为学生查阅资料提供更好的网络环境;新建的图书馆以及云图书等,为学生查阅资料提供便捷;更新天文设备,为学生观测提供更好的环境;新建了一大批先进的实验室,为学生实验提供支持。学校近年来,投入资金建立了数字化物理实验室,投入百万元建立了机器人实验室,建立了制作比赛场地,为学生开展创造力探究活动提供了良好的环境支持。在教学楼布置了两条"科技走廊",内容丰富;每个教室墙面都有若干中外科学名人头像及其名言等,校园的每一个角落都展示了无声的创造力语言。学生们制作丰富多彩的创新教育活动板报,观看创造力电影等,沉浸在良好的创造力教育氛围中。校园创造力环境的建设为附中创造力教育活动的开展营造了浓厚的创造力教育氛围。

2. 开设"创造力教育讲坛"

学校设立了创造力教育讲坛,邀请到来自同济大学、上师大、外贸学院、华东政法的教授专家来校做精彩的报告,为学生讲授航空航天、国际经济、人工智能、艺术工艺等方面的知识,并回答学生的疑问。专家们给学生带来的不仅仅是丰富的专业知识,更多的是激发学生热爱创新、关注科技,对创造力产生的浓厚的探知兴趣,引发学生对经济、技术未来发展的深度思考。

3. 建设"创新实验室"

（1）博雅书院——批判阅读创新实验室

（2）"格致书院"——自动化创新实验室、创新创客实验室、创新思维与实践实验室

（3）剑桥化学创新实验室

（4）"畅言互动"英语人机对话实训实验室

（5）物理创新实验室

（6）金融创新实验室

（7）植物组织培养与分子生物学实验室

（五）开展多种创新教育实践活动

（1）发展"DI 竞赛"等创新教育特色项目

（2）开展创造力训练实践教育活动

（3）创立学生个人实验室，支持学生社团

（4）辐射周边地区，与社会共同发展

（六）建设与完善多样性的课程保障机制

1. 组织保障

建立由校级领导、相关部门领导、相关学科教研组长等人员组成的创造力课程开发研究的组织领导机构，并实现了结构合理、人员充实、分工明确、职责到位。学校各个部门也都大力支持和配合创造力课程开发。学校有分管创造力课程开发的副校长、科研室主任，以及协调教导处、学生处、团委、总务处、学生会，直至课程教师、班主任、外聘教授，各司其职开展工作。定期研究学校的创造力课程研发工作，重要事宜由学校行政例会安排专题讨论解决。

2. 激励保障

我校建立切实有效的创新教育规章制度和激励机制。学校对创造力课程开发的教师实行年度聘用制，其表现纳入学期工作考核，作为职称评定与先进评定的重要依据。对工作表现突出的教师按贡献大小实行奖励。对于创新素质突出的学生，学校会向各高校积极推荐。学校积极支持鼓励创造力训练课程开发教师参加相关会议和培训活动，并合理调度创造力训练课程教师的工作安排。

3. 师资保障

在管理小组的指导、协调下，建设形成一支有较高教学水平和课题指导能力的创造力特色教学团队，配备专兼职创造力训练课程的教师 10 人以上，其中不乏教学经验丰富的中高级职称教师。我校充分利用高校资源，为名师提供更多高校课程和研究课题，通过增加培训研修的机会，提高创新教育的专业水平和综合素养；将教师的创造力素养作为师资招聘的重要评价指标。此外，还依托高校的科研能力和雄厚师资，建成相对稳定的兼职教师资源库。20 多位学者专家以及来自上师大、外贸学院、华东政法的兼职教授，成为学校创造力训练课程开展的高水平师资保障。

4. 技术保障

我校充分利用高校和研究机构科技资源,为创造力训练课程开展提供充足的科技保障。在上师大旅游学院、生环学院等的帮助下,建设了开放性的"生命科学综合实验室""水环境综合实验室""TI 理科综合实验室"等,并与上海市漕河泾镇政府、水环境、理工大学环境学院等相关科研机构签订合作协议,开展科研实验活动。与上海天文台共同合作开发,完成楼面天文台景观建设,添加图像增扩与储存设备,增配紫外线、红外线观摩装置,使天文台望远镜可以实施自动跟踪、摄像、再现、扩大、数据处理等功能。与上海科技馆建立"馆校共建"关系。合作的具体内容包括带领学生进科技场馆、自然博物馆等基地进行校外学习活动;合作开发微课程项目;指导教师和青少年参加各级科技科研竞赛;协助成立科技创新社团;提供学生成为科技馆假期志愿者的机会;实验室共建;各相关学科开设科技文化拓展课。

三、成效与反思

(一)成效

1. 促进学生的创造力发展

创造力训练课程更注重训练考察学生思维品质、技能,一定程度上解放学生的天性,给学生提供充足的思维锻炼空间机会。因此,在创造力训练中,教师往往更为主动地关注发掘每个学生的个性需求和创造的潜能天赋,进而科学引导学生开发其潜力,鼓励学生主动将自己培养成某一方面具有独特能力的人,为学生的终身发展创造条件和机会。通过几年的课程实践,我们欣喜看到在创造力课堂中学生获得的自我肯定、学生的多方面发展。

2. 提升教师的专业能力

创造力训练课程的发展推进需要创新能力强、综合素质高、善于引导学生自主掌握学习方法、研究能力、合作精神的师资队伍。为此,课题组在课程开发的同时,努力探寻创造力课程教师培养的模式途径,通过邀请专家教授开展讲座报告,不同专业教师之间定期交流与合作,开拓教师教学视野,丰富教师课堂创新经验、提升教师的创新性、培养教师对学生自主学习的指导能力。经过几年的探索努力,参与课题的教师不仅在创造力课程中获得了更高的课程实施和设计能力,在日常教学实践中更不断展现出开放创新的教学思维特点。这些教师在日常教学中不断学习吸收新鲜事物,不断扩充自己的知识储备,善于发现问题,乐于深入思考,并能提出创新性的解决办法,提高了教学效率。近年来,在市区各层面,教师教学评比、科研论文评比成果丰硕。

3. 浓厚的校园创造文化

创造力是创造力训练课程的逻辑起点,也是终极目标。创造力训练课程的核心理念是基于兴趣的学习、创新和创造,其内在逻辑是由兴趣引发思维技能学习、形成创新人格,进而浓厚创新文化。

从创造力训练课程的研发、实施,到剑桥化学创新课程、格致书院、博雅书院,再到一年一度"校园学术节"、学生创客创新社团,我校积极利用创造力课程资源进行建筑设计、设施布置和活动组织,将"创新文化"引入到校园,营造了浓厚的创新教育氛围,极大地丰富了校园的物质和精神文化。

创造力训练课程,使学生生成创新意识、创新素养,习得创造力技能,形成创造力人格,让学生成为一个个具备创新活力的"场域",给予校园文化以创新的正向激励,浓厚了校园的创新文化氛围,让学校成为有创新活力的场所。学校通过多次市区评估,开放教学在同行中获得一致肯定。

(二)反思

1. 进一步深化课程建设,助力学生全面发展

课程是实施"发展教育"的重要载体。十三五期间,我们要在加强课程内涵建设的基础上,围绕高考制度改革和创新型人才培养的目标,加大新课程开发与建设的力度。

一是根据国家战略紧缺、经济社会发展急需领域,以及人本发展的需要,重新梳理现有课程,学校将设计打造5大学习实践中心。人文艺术中心:提高人文内涵和艺术修养;科学技术中心:提升科学素养和思维实践能力;国际交流中心:拓宽国际视野和国际交流能力;生涯体验中心:体验社会、生活、生命的意义和价值;运动技能中心:学习运动技能,构建人文、科技、艺术、体育、综合实践为一体的课程体系,培养面向实际的具有健全人格和现代素养的优秀创新人才。

二是开展教与学模式的创造力素质实践探索。以"实践教学民主,革新教学方式"的国家级课题研究为依托,深入开展教学方式的探索与革新,建设有附中

特色的生命课堂、思想课堂、个性课堂。以学科教学作为基础,继续加大特色功能实验室群的建设,侧重于实验室、实践基地、自然环境中开展"实地体验探究",强调学做合一、学以致用,逐步构建完成"基于问题、基于实践、基于实验室和基于网络"的综合创造力训练体系。

三是探索顺应新高考改革的多样化探究性课程。积极探索多学科渗透模式、跨学科专题模式、独立设课与长短学程模式等灵活多样的方式,结合学生的自主选课走班,最大限度地利用时间与空间,丰富学生的创新体验,培养学生的创新素养。

2. 进一步打造师资团队,致力教师专业成长

创新教育的核心是促进全体学生的创新素养的发展,这离不开一批具有各专业背景的优秀课程教师。

一是要通过更高层次的竞赛和展示平台,加大中青年教师培训力度,鼓励开展教育教学科学研究等途径,构建一支年龄结构合理、学科分布科学的教师队伍,积极培养一批在全市具有话语权和影响力的骨干教师队伍。

二是要充分发挥教师团队的主观能动性,要善于打破学科壁垒,鼓励跨领域合作,根据需求分别构建以学科教学、项目开发、科学研究等为任务特征的创新教育团队,取长补短、协同创新。

三是聘请高水平高等院校、科研机构和社会组织的专家担任校外兼职创造力训练课程教师,参与创造力训练课程的开发与实施。

3. 进一步整合社会资源,形成社会家长共识

打造创新教育学校,建设创造力训练课程,不能仅仅局限在故步自封、闭门造车的办学格局中,而要借助外力、优势互补。我们要继续通过一切可能的途径开发社会资源,形成多方参与的"大教育"环境。

一是要继续加强与上海交通大学、华东理工大学等著名高校的联系与合作,获得科研和技术支撑,加大高中与大学课程的进一步衔接。

二是要加强与科研机构和高科技企业的深度融合,在智能校园、未来课堂、未来信息技术支持下的教育革命等科技创新领域谋求合作。

三是要继续做好国内外姐妹学校的交流合作,拓展国际教育空间,提升学校的国际地位,继续推进中外优秀创新课程的引进开发与实施改造,通过教育的国

际化进程,不断提升创新教育的核心发展力,强化学校发展的个性与品质,不断提升学生国际化视野和国际对话能力。

　　四是作为一所具有一定办学历史的示范性高中,要大力开发丰富的校友和家长资源,吸引他们为学校发展出谋划策,以此形成教育合力,共同营造良好的教育环境。

参考文献

1. [美] A. J. 斯塔科. 创造能力教与学 [M]. 第二版. 刘晓陵,曾守锤,译. 上海:华东师范大学出版社,2003.

2. 丁大中. 广义创造力纵横谈 [M]. 北京:九州出版社,2010.

3. 黄寰,罗子欣. 提升你的想象力 [M]. 呼和浩特:内蒙古人民出版社,2012.

4. [美] 罗伯特·J. 斯滕博格. 创造力手册 [M]. 施建农,等译. 北京:北京理工大学出版社,2005.

5. [美] Ronald A. Beghetto, James C. Kaufman. 培养学生的创造力 [M]. 陈菲,周晔晗,李娴,译. 上海:华东师范大学出版社,2013.

6. [英] 开启创造力的 100 个法则——捕捉灵感并付诸实现 [M]. 孙琳,译. 大连:东北财经大学出版社,2011.

"科学·社会·人文"三性融合观点下提升教师学科德育能力的四项修炼①

王　宇

　　为落实"全教会"精神,将立德树人融入文化知识教育,抓好课堂教学主阵地,围绕教师学科德育能力提升,针对教师学科德育中遇到"懵、窄、空、假"问题,开展长周期的学科德育教学实践改进。凝练出学科德育"三性"融合观点、形成学科德育目标设计三步(3S)法、学科德育内容梳理5S法、学科德育三项典型策略、研发形成学科德育评价10项指标。

一、问题的提出

(一)学科德育的时代意义

　　信息高速发展的21世纪,未来已至的人工智能时代,"人才观"不断重塑与丰满。联合国教科文组织发布培养高学业表现与高社会情感能力卓越学生的国际教育趋势。落实国家"立德树人"教育方针,在社会主义核心价值观、中华优秀传统文化教育、教育现代化2035等文件中均指出课堂教学育德主阵地的价值与作用。上海继"两纲教育"后在大中小德育一体化研究实践中,以"德目"为指引,基于学科核心素养,在"如何培养人"中,打通第一、二、三课堂的育人空间壁垒,将校内、校外,课上、课下,线上、线下育人方式相整合,深入推进学科德育实践。百姓育儿观念中"德才兼备"逐渐成为潮流与趋势。

---

　　①　本教学成果获得2021年上海市优秀教学成果奖二等奖。

（二）教师学科德育能力存在的问题

2020年5月开展的"浦东新区中小学教师学科德育意识及能力现状调研"中的集中问题如表1所示。

表1 教师学科德育能力不足表现情况表

教师学科德育能力不足表现			皮尔逊卡方值	自由度	渐进显著性（双侧）
学科德育教学能力	教材分析不足	分析教材内学科德育资源价值	29.795	20	0.073
		补充学科德育教学资源	31.167	20	0.053
	教学设计不足	设计单元德育目标	46.831	20	0.001
		设计课时德育目标	43.292	20	0.002
		确定适合的德育内容	31.682	15	0.007
	教学过程不足	学科德育教学方式不适切	34.600	20	0.022
		灵活处理教学生成	58.008	20	0.000
	教学反思不足	梳理学科德育教学经验	23.854	20	0.249
综合德育活动能力	开展综合德育活动不足	针对教学中德育点，设计并开展德育活动	13.440	4	0.009

1. 核心问题：如何提升中小学教师学科德育能力

2. 子问题一：开展学科德育有点"懵"

受教育环境氛围以及教学惯性的影响，很多老师不知道如何上好学科德育课。简单而机械的德育元素拼盘，自认为热闹的课堂就是一堂好的学科德育课。如果有持续的宣传辐射、学科德育的科学认知、优质学科德育课的评价指标、长效学科德育的工作机制，问题会得到一定的缓解。

3. 子问题二：对"德"认知与开展有点"窄"

分析德育精品课选题发现，育德主题是爱国主义教育的比例占到6成左右，但德育内涵远不及此。如果教师能对"大中小德育一体化"中"德目"有深刻认知,将会打开学科德育的视野。同时,教龄在 10 到 20 年的教师,学科德育特色不足,学科德育局限于课堂上,能将教学或活动优势整合的实践思路有点窄。

4. 子问题三:对"德"内容素材把握有点"空"

僵硬化使用伟人故事的育德并不罕见,但空洞的内容无法走入学生内心,更无从谈起达成德育目标。在用好教材中德育资源的基础上,科学地适当补充学生身边的符合教学规律的德育内容,学科德育课堂才更具生动性和生命力。

5. 子问题四:对"德"实现方式有点"假"

小学常用到的"演一演",中学常用到的"合作讨论",并非方式不好,而是环节设计不够精细,"为做而做"的课堂,"表演"痕迹很浓。如果从目标、内容、过程、方法、效果等要素形成学科德育操作方式,这样的学科德育课堂才真实而震撼。

二、成果的主要内容

提出学科德育"科学性""社会性""人文性"观点,在"三性"融合视域下,开展教师学科能力提升的四项修炼。在学科教学科学性前提下,从学生社会性发展角度,拓宽学科德育育"德"内涵,同时将教师智慧融入学科德育实践。融合"三性"特点的课堂,重点围绕"德育目标""德育内容""德育策略""德育评价"四项修炼,总结方法,不断提升教师的学科德育能力。

(一)基本观点:学科德育的"三性"

1. 学科视角:学科德育"科学性"观点

(1)学科德育科学性观点释义:基于学科核心素养。

在有效教学论及道德认知建构理论的支持下,基于学科核心素养,从学科本体梳理把握育德方向与元素,不走偏地完成每个学科独一无二的育德目标。

(2)学科德育科学性观点解释:内在本质与呈现方式统一性。

① 学科间有显性育德学科与隐性育德学科。人文类、艺术类学科相较科学类学科显性德育资源更为丰富,称为显性育德学科,实践上有先天优势,学科德育教学方式更为多样,如,语文中多类诵读法领悟茅盾先生《白杨礼赞》中浓浓的爱国情、有效问题链走进高中教材《苏武传》苏武爱国义士的伟大情操。

表 2　学科核心素养下的育德定位

学　　　科	学科核心素养	育　德　方　向
政治类学科（德育学科） （道德与法治、思想政治）	1. 政治认同 2. 理性精神 3. 法治意识 4. 公共参与	全面育德
语文学科	1. 语言建构与运用 2. 思维发展与提升 3. 审美鉴赏与创造 4. 文化传承与理解	1. 热爱祖国的思想感情 2. 热爱祖国语言文字，认知中华文化的博大精深 3. 培养人文情怀，塑造健康人格
数学学科	1. 数学抽象 2. 逻辑推理 3. 数学建模 4. 直观想象 5. 数学运算 6. 数据分析	1. 辩证思维（对立与统一、量变与质变） 2. 积极思维品质（实事求是、严谨认真） 3. 健康人格（积极探索、意志顽强、持之以恒、遵守规范、注重秩序） 4. 重要数学家的人文精神
音乐学科	1. 自主音乐 2. 音乐实践 3. 音乐情感体验 4. 音乐文化理解	1. 爱国主义情感 2. 审美意识 3. 健全人格（净化心灵、陶冶情操、健全人格，培养学生积极乐观的生活态度）

② 学科内有显隐性德育因素。"显隐性"指学科内德育元素与知识技能的存在状态。紧密则"隐"，疏松则"显"。例如，根据华东师范大学张奠宙教授指出的数学学科德育包含"人文精神""科学素养""思维品质"。其中，数学发展史、数学文化观、数学家品质等与数学知识技能关系疏松，则属于显性德育因素，通过讲故事的德育方式实现较为合适。而数学素养与思维品质培养中所包含的数学哲学、数学思想方法等，这些与数学知识技能关系紧密，属于隐性德育因素，通过有效的知识建构、质疑探究的过程予以实现较为合适。

2. 学生视角：学科德育的"社会性"

（1）学科德育"社会性"观点。

在"全人发展"及道德认知理论支持下，以促进青少年社会性成长目标下，学科德育"社会性"是指要全面提升学生综合素养，培养"大德"。重点为落实大中小德育一体化"德目"要求。

（2）学科德育"社会性"实现。

课堂教学与德育活动能较好地实现社会性发展。在教师有效的引导下，师生互动、生生互动，在情景体验、小组合作讨论等过程中，在倾听、思考、表达的过程中，学生会潜移默化地将道德认知逐渐显现为道德行为。

表 3　大中小德育一体化"德目"内容要素

德 目 内 容		
一级指标	二级指标	育 德 点
政治认同	党的领导	党的历史
		党的组织关系
		党的宗旨使命
		党的其他的关系（社会、国家、个人）
	政治制度	根本或基本政治制度
		具体政治制度
	科学理论	马克思主义世界观与方法论
		马克思主义的中国化的各种理论创新
	发展道路	发展道路历史由来
		发展道路现实表现
		发展道路的未来发展
国家意识	国家利益	主权领土
		国家制度
		国家安全
		国家统一
	国情观念	经济发展
		社会发展

德 目 内 容		
一级指标	二级指标	育 德 点
国家意识	国情观念	生态环境
		军事力量
	民族团结	民族历史
		民族政策
		民族理论
		反对分裂
	国际视野	国际理解
		国际交流
		多元文化
		和平发展
文化自信	国家语言	语言知识和能力
		语言生态
		语言生活
		语言实力
	历史文化	各国及民族历史文化传统的独特性
		中华民族的优势传统文化
		中华文化积淀着的精神追求
		中国特色社会主义与中华文化间的关系
	革命传统	革命事件和革命道路
		革命人物
		革命精神

德　目　内　容		
一级指标	二级指标	育　德　点
文化自信	革命传统	革命理论
	时代精神	时代变化和改革创新的成果
		改革创新的历史和过程
		改革创新精神和历史成就间的关系
人格养成	健康身心	生命与健康
		生命与安全
		生命与成长
		生命与价值
	守法诚信	规则意识
		权利义务
		法治观念
		公平正义
	自由平等	个人品德
		社会公德
		家庭美德
		职业道德
	自强合作	自尊自信
		自强自立
		团结友善
		包容合作

3. 教师视角：学科德育的"人文性"

鼓励教师形成鲜明的学科德育教学风格，站位于课程文化观视角，教师通过人格魅力,如语言艺术、行为举止等感染学生。

（1）情感共鸣。其能将自身的修为与对教材的理解,以合理、合适的方式在最舒服的课堂状态中,引导学生达到情感的共鸣、价值观的塑造。

（2）把握生成。对课堂临时生成资源的及时把握、处理与再教育,根据学科特点充分重视学生的内在道德体验而非预设性的强硬灌输,促使预设和动态生成相得益彰。

（二）修炼一：学科德育目标设计 3S 法

根据学科德育"科学""社会""人文"相融合的观点,提高教师学科德育能力的关键环节之一就是学会设计德育目标,基本的方法梳理如下表。

表4　学科德育目标设计"分析确定"3S(Step)法

步　骤	分　析	确　定
S1	教学内容与大纲要求	知识技能方法与德育价值的联系
S2	"德目"内涵	课堂中落实的一级德目、二级德目
S3	德育目标的实现过程与方式	具体而可操作的德育目标

以小学语文部编教材二年级下册《大象的耳朵》为例说明：

1. 科学性体现：第一步,基于教学本源确定德育价值

（1）教学内容梗概。文中讲述了小兔子说大象的耳朵有病,大象没有当一回事,之后又有小羊、小鹿、小马、小老鼠说他的耳朵有毛病,大象便想办法让自己的耳朵竖了起来,结果这给他带来了烦恼,最后大象明白了自己的耳朵还是耷拉着好的故事。

（2）德育价值描述。每个人都有自己的特点,我们要听取别人正确的意见,不要盲目改变自己。结合当前孩子存在指责同学随意性这样的特点,引导孩子明白当别人有和自己不一样的地方的时候,我们不能随意去评价别人。

2. 社会性体现：第二步,基于德目定位目标

结合德目内容,落实一级德目：公民人格,二级德目：健康身心（生命与成

长）。具体来讲,引导小学生正确认知自身的同时,学会欣赏他人的不同。

3. 人文性体现：第三步,基于达成效果凝练目标

(1)实现方式：情境表演法。根据教学经验及对文章内容效果的把握,结合单元"改变"的重点,通过引导学生有感情地朗读,领悟大象改变耳朵前后的情绪变化(不以为然、产生怀疑、信以为真),小动物对大象说话的语气(嘲笑等)。再通过情境表演,加深主旨理解。

(2)清晰可操作的德育目标。在情感朗读的基础上,通过情境表演,学生懂得每个人都有自己的特点,要听取别人正确的意见,不要盲目改变自己;同时,当别人有和自己不一样的地方的时候,我们不能随意去评价别人。

(三)修炼二：学科德育内容操作 5S 法

在学科德育"科学性""社会性""人文性"融合观点下去分析教学内容,以双向细目标表逻辑梳理,横轴为教材内容、纵轴为"德目"要素,地毯式分析小学、初中音乐作品过程中,微观教学篇目下、中观教学单元内,重点围绕"单元、主题、德目、教材、教法建议、补充素材"梳理学科德育教学资源,提高效能。以下表小初部分学科德育内容梳理结果举例说明。

表5 学科德育教学资源样例表

单元	单元主题	落实德目	教材内容	学科德育教法建议	补充内容
第一单元(六年级第一学期)	祖国颂歌	政治认同/政治制度	欣赏《红旗颂》(管弦乐)	学习经历：哼唱《红旗颂》的音乐旋律,并能在配乐朗诵中较好地表达音乐意境 学习方法： 1. 通过音乐旋律、节奏等音乐要素的分析,并借助音乐联想等,感受作品所表达的情境 2. 在感受音乐旋律和歌词情境的基础上,记背主题旋律	《黄河颂》《颂祖国》
		国家意识/民族团结	歌唱《爱我中华》		

续　表

单元	单元主题	落实德目	教材内容	学科德育教法建议	补充内容
第一单元（六年级第一学期）	祖国颂歌	政治认同/发展道路	欣赏《在灿烂阳光下》（合唱）	学习经历：以听赏、欣赏、哼唱的方式感受两首作品的旋律特点，以及表达的音乐寓意 学习方法：通过哼唱、欣赏，感受青少年在祖国呵护下，蓬勃成长的景象	《我们走进十月的阳光》
小学二年级上		政治认同/党的领导	《雪莲献北京》二上	通过歌颂党的、活泼生动的主题性音乐作品的学习，知道"党是太阳我是花"的浅显道理	《金色的大雁》

1. 学科德育内容梳理"5S"法

表 6　"5S"操作方法

	含　义		释　义
S	Study	学习	学习课标、教材、德育文件；分析"德目"内容要点
S	Sort	整理	梳理教材内容及育人要求
S	Select	筛选	根据"德目"，筛选教材内容进最适宜的"德目"框架
S	Supple	补充	根据学生道德认知难点补充德育资源
S	Suggest	建议	教学设计及教法要求建议

2. "5S"法的实践价值

（1）适用范围。中观以教学单元梳理学科德育资源的 5S 法适用于人文学科（语文、历史等）以及艺术类学科。而微观教学篇目下的学科德育资源 5S 法不仅人文、艺术学科适用，科学类学科（数学等）也适用。

（2）实践价值。教师学科德育中遇到的"窄""空""假"问题,通过 5S 法对教材内容及补充资源建设后,会得到较好解决。特别是中青年教师,从日常教学点滴中跳脱出,以全局视野理解学科德育方向,能较快而有效地提高学科德育效能。

（四）修炼三：学科德育教学策略应用

借鉴"教学策略"学术观点,典型学科德育教学策略结构化要素呈现如下:

图1　学科德育教学策略要素表

1. 关键问题策略概念

表 7　关键问题策略解析表

学理依据	道德认知建构: 提出符合学生道德认知实际且水平略高的德育目标,适当引导下,学生实现道德认知主动建构
优势功能	德育目标通过关键问题予以呈现,在任务驱动下,目标达成度较高
适宜情境	人文类学科德育教学,人物情节结构清晰,学生在问题引导下,激发主动学习探究,达成育德目标
教学方法	教学初始,提出关键问题,教学中学生通过子问题的解决,达成德育目标
实践操作	步骤一：根据德育目标确定核心关键问题 步骤二：根据教学进程确定递进式子问题

2. 关键问题策略的教学应用

表 8　关键问题策略教学应用表

高二语文部编教材《苏武传》(第三课时)		
德育目标： 通过分析卫律劝降、李陵劝降，丰满苏武北海牧羊的道义坚守的爱国形象。 深刻领悟苏武无条件爱国的义士精神。		
问 题 链	教 学 片 断	育 德 分 析
关键问题： 李陵劝降对塑造苏武形象有什么作用？		对比衬托 通过李陵对比衬托出苏武民族义士的英雄形象
子问题 1： 李陵从哪些方面劝降苏武？	李陵劝降的"情"与"理" 1. 以情分相劝——"与子卿素厚" 2. 以汉主相警——"大臣亡罪夷灭者数十家" 3. 以自身相比——"子卿不欲降，何以过陵！" 4. 以家事相告——家事未卜 长兄苏嘉(长君)，伏剑自刎 弟弟苏贤(孺卿)，饮药而死 母亲已死，妻子改嫁，儿女生死未卜 5. 以人性相激——"信义安所见乎？"	李陵其人 ——有条件的爱国 虽存羞恶之心，但重视私人情感，个人得失，意志不坚定。
子问题 2： 苏武对李陵的劝降是怎么回应的？	苏武的"情"与"义" 1. 回应家中不幸——"今得杀身自效，虽蒙斧钺汤镬，诚甘乐之。" 2. 反击汉武帝不仁——"臣事君，犹子事父也；子为父死，亡所恨。愿无复再言！" 3. 选择宁死不屈——"自分已死久矣！王必欲降武，请毕今日之欢，效死于前！"	苏武义士 ——无条件地爱国，国家利益至上 "生，亦我所欲也；义，亦我所欲也。二者不可得兼，舍生而取义者也。" "正道直行，竭忠尽智以事其君。"
子问题 3： 李陵为什么在劝降没成功时，称苏武为民族义士？	李陵的"愧"与"服" 忠义两全不可得，喟然叹服真义士——"嗟呼，义士！陵与卫律之罪，上通于天！"	

3. 合作探究策略概念

表 9　合作探究策略解析表

学理依据	认知建构理论： 根据"最近发展区"理论特点,学生根据旧知建构新知 社会发展理论： 小组合作中,发展其协助解决问题的素养
优势功能	德育目标通过主动探究,潜移默化予以实现
适宜情境	适合科学类学科(如：数学)。在隐性德育目标达成过程中,如：数学方法、数学思维品质等,在学生主动探究过程中,达成对方法的理解、思维品质的锻炼
教学方法	复习旧知,创设小组合作情境,适当引导下,学生主动理解并建构新知,达成德育目标
实践操作	步骤一：复习旧知 步骤二：合作探究：创设有明确任务导向的合作探究情境 步骤三：建构新知

4. 合作探究策略的教学应用

表 10　合作探究策略的教学应用表

初中八年级第一学期数学课《一元二次方程》(第一课时)		
德育目标： 在主动探究一元二次方程概念形成、方程根的意义过程中,学生体会并初步掌握数学类比方法、从特殊到一般的方法,并在自主探究和合作学习过程中体会到学数学的快乐		
合作探究	教 学 片 断	育 德 分 析
合作探究 1：类比于一元一次方程,你能给一元二次方程下个定义吗？	三个典型的德育生活实例 实例1：《九章算术》"勾股"章有一题："今有户高多于广六尺八寸,两隅相去适一丈。问户高、广各几何。"大意是说：已知长方形门的高比宽多 6 尺 8 寸,门的对角线长 1 丈,那么门的高和宽各是多少丈？ (注：1 丈 = 10 尺 = 100 寸；长方形中对角线的平方等于长与宽的平方和) 合作探究解决：设长方形门宽为 x 丈,则高为$(x+0.68)$丈, $x^2 + (x + 0.68)^2 = 1$	数学类别方法 只含有一个未知数,且未知数的最高次数是 1 的整式方程叫做一元一次方程 ↓ 只含有一个未知数,且未知数的最高次数是 2 的整式方程叫做一元二次方程

合 作 探 究	教 学 片 断	育 德 分 析
	实例2：2020 东京奥运：刚结束的奥运会上，女子赛艇获得了金牌，经查阅：赛艇航道为长方形，长约为宽的 148 倍，面积为 2 700 平方米，你知道航道的长和宽分别为多少吗？ 合作探究解决：设航道宽为 x 米，则长为 $148x$ 米 $148x^2 = 2\,700$ 实例3：新冠病毒传播：变异株德尔塔的传染性极强，某地因 1 人感染该病毒没有及时隔离治疗，经过两轮的传染共有 81 人感染（含第一名感染者），防疫中心工作人员想知道每轮传染中平均一个人传染了几人，我们可以帮助他们吗？ 合作探究解决：设平均一人传染 x 人，则 $1 + x + (x + 1)x = 81$	
合作探究2：一元二次方程根与系数有什么关系吗？	探究：在下列方程中，哪些方程有一个根为 0、1、-1？ （1）$2x^2 + x = 0$ （2）$5x^2 - 4x = 0$ （3）$3x^2 + 2x - 5 = 0$ （4）$x^2 - 7x + 6 = 0$ （5）$x^2 + 5x + 4 = 0$ （6）$2x^2 - 3x - 5 = 0$	数学方法：从特殊到一般 特征1：一元二次方程 $ax^2 + bx + c = 0\ (a \neq 0)$ 有一个根为 0，那么方程的常数项为 0 即 $c = 0$. 特征2：一元二次方程 $ax^2 + bx + c = 0\ (a \neq 0)$，有一个根为 1，则 $a + b + c = 0$. 特征3：一元二次方程 $ax^2 + bx + c = 0\ (a \neq 0)$，有一个根为 -1，则 $a - b + c = 0$.

5. 综合德育活动策略（PASS 路径策略法）概念

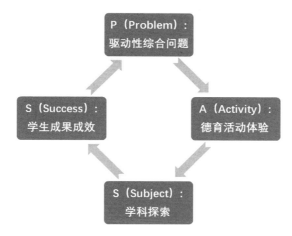

图 2　中小学综合德育活动"PASS（路径）"策略法

表 11　综合德育活动 PASS 路径策略法解析表

学理依据	1. 认知建构：知情信意行相结合 2. 项目化学习：问题（任务）驱动、高阶学习、主动体验、物化成果
优势功能	1：解决传统主题式德育活动，缺少激发学生主动探究的问题感 2：解决学科所学与德育活动关联度低 3：解决德育活动中学生主体及主动性弱 4：解决德育活动中学生获得感较弱
活动方法	创设主动体验的活动情境，学生问题解决中提升育德品质
实践操作	综合德育活动 PASS（路径）法 1. P（Problem）：提出驱动性综合问题 2. A（Activity）：创设综合德育活动体验 3. S（Subject）：将学科探索与活动一体设计 4. S（Success）：呈现学生在活动中的成效

6. 活动应用："如何科学晒被子？"[①]

（1）P（Problem）：总驱动性问题。

上海市实验学校附属东滩学校的住宿生，你的被子应该怎样晒？

---

① 案例素材由项目组成员上海市实验学校附属东滩学校陈丽萍校长提供。

（2）A（Activity）：德育活动。

表 12　综合德育活动"晒被子"劳动活动课程

	校内"晒被子"劳动活动	校外"晒被子"劳动活动
"晒被子"劳动活动课程	在新生入校前下发"晒被子"课程学习包（内容包括："晒被子"项目化学习成果汇报微视频、安全注意事项，同寝互帮互助方法介绍），指导新生家长根据各种被子材质的优缺点结合学生需求进行选择被子的材质，在新生入学当日，高年级志愿者为新生介绍东滩的地理环境和气温变化特点，指导新生找到合适的晒被子地点，引导同寝室小伙伴互帮互助完成第一次晒被子活动。通过活动提升学生的劳动能力，同时让新生通过晒被子活动养成良好的个人卫生习惯，与同寝室友及高年级师哥师姐尽快成为好朋友	学生在家中帮助父母叠被子、晒被子，学会劳动技能的同时，学生们切身体会到了父母的辛苦，学会感恩。提高主动承担家务的意识，增强家庭责任感
	六年级弟弟妹妹们，冬天到了被子厚，你们的身高和力气都小，让师姐来教教你们寝室的小伙伴如何互帮互助安全晾晒被子吧	在学校学习了晒被子劳动课程，回到家我要变成小主人，帮助妈妈选被子、晒被子了

（3）S（Subject）：教学概要。

科学学科：

表 13　科学学科"晒被子"教学概要表

提出问题	如何科学地抑制被褥中的螨虫？		
教学探究概要	**设计实验 1** 实验目的：**探究温度对螨虫繁殖的影响** 实验器材：丝绵、面粉、培养盒、温度湿度计、电热毯 实验步骤： 1. 称取 2 g 丝绵，并使其沾染上墙面的粉尘，放入培养盒中 2. 称取 5 g 面粉作为培养基，使其和丝绵混合均匀 3. 在室温 19℃ 和加热（32℃）条件下进行对比实验 实验记录： 实验结果分析：**温度升高不利于螨虫存活**	**设计实验 2** 实验目的：**探究光照对螨虫繁殖的影响** 实验器材：丝绵、面粉、培养盒、不透光塑料袋、温度湿度计、手电筒 实验步骤： 1. 称取 2 g 丝绵，并使其沾染上墙面的粉尘，放入培养盒中 2. 称取 5 g 面粉作为培养基，使其和丝绵混合均匀 3. 在手电筒光和遮光条件下进行对比实验 实验记录： 实验结果分析：**光照度强不利于螨虫存活**	**设计实验 3** 实验目的：**探究材质对螨虫繁殖的影响** 实验器材：丝绵、棉花、面粉、培养盒、温度湿度计 实验步骤： 1. 分别称取 2 g 丝绵和 2 g 棉花，并使其沾染上墙面的粉尘，放入培养盒中 2. 称取 5 g 面粉作为培养基，使其和丝绵、棉花混合均匀 3、在室温、环境湿度下进行对比实验 实验记录： 实验结果分析：**潮湿环境利于螨虫存活**
	 科学课："丝绒组"同学在一起探究螨虫的真面目	 科学课："羽绒组"的同学称取了 2 g 丝绵，并使其沾染上墙面的粉尘，放入培养盒中，再称取 5 g 面粉作为培养基，使其和丝绵混合均匀，探究适宜螨虫繁殖的环境条件	

续　表

解决问题	通过同学们的了解、观察、实验和讨论,螨虫会对我们的身体健康造成一定的危害。为了使我们的生活更加舒适,身体更加健康,要从现在开始养成良好的生活习惯,勤洗澡,勤换洗被褥,对螨虫说"拜拜"

物理学科:

表 14　物理学科"晒被子"教学概要表

提出问题	如何晾晒能提高晒被子的速度?		
教学探究概要	实验目的:**探究温度是否影响晒干被子的速度** 实验器材:电子天平、同种材质的填充物(丝绵)、加湿或喷壶、计时器、吹风机 实验过程(略) 实验结论:**温度越高,晾干时间越短**	实验目的:**探究与被子空气的接触面积是否影响晒干被子的速度** 实验器材:电子天平、同种材质的填充物(丝绵)、加湿或喷壶、计时器、吹风机 实验过程(略) 实验结论:**接触面积越大,晾干时间越短**	实验目的:**探究空气流速是否影响晒干被子的速度** 实验器材:电子天平、同种材质的填充物(丝绵)、加湿或喷壶、计时器、吹风机 实验过程(略) 实验结论:**空气对流越强烈,晾干时间越短**
		物理课:"棉花组"同学探究不同填充物吸潮能力的强弱	
解决问题	通过同学们的了解、观察、实验和讨论,晾晒时,温度高,空气流通好,晾晒面积大能够增加晾干被子的速度		

地理学科：

表 15　地理学科"晒被子"教学概要表

提出问题	如何找寻最佳的晾晒时间和朝向能使晒被子效果最好？	
教学探究概要	根据地理中地球自转知识点,学生观察百叶箱一天中三个时间点的温度,即：8：00、14：00、20：00,得出 14：00 温度最高,最适宜晒被子 实验过程（略） **实验结论：中午 12：00—下午 14：00 温度最高,最适宜晒被子**	根据地理中地球公转知识点,学生分两小组晒被子,一组朝北,一组朝南,下午用手摸被子温度 实验过程（略） **实验结论：晒被子朝南接受的太阳光热更多,被子更暖和**
	 地理课：不同材料的被子有不同的"喜好",当然要选择不同的时间和地点晾晒,同学们根据课上的探究结果选择了12：00—14：00 通风良好处来晾晒被子	 地理课：这条漂亮的棉花被子是我根据自己的探究结果和妈妈一起购买的,我选择了自然环保的棉花被,通过探究我知道棉花材质没有羽绒和丝绵那么容易吸潮
解决问题	选择符合学校地理位置特点的晾晒时间和晾晒朝向,使得被子晾晒效果达到最佳	

（4）S（Success）：物化成果的学生成效。

展现学生成效的照片等资源在表格中已有呈现,文字效果呈现如下：

①"知信行"统一。"晒被子"综合德育活动的开展,在问题驱动下,学生将课堂所学与真实德育活动体验相结合,掌握劳动技能的同时,还对科学现象、科学原理有更为深刻的理解。

②"情意"结合。校内、校外综合德育活动的有机结合,让学生的劳动技能得到了巩固,同时也让学生们切身体会到了父母的辛苦,学会感恩。提高主动承担家务的意识,增强家庭责任感。"晒被子"劳动主题的综合德育活动课程的实施,增加了班级同学间的交流与合作,发展了学生的沟通交流能力。同时让一些在传统环境下学习困难的学生找到了自信,这些学生动起手来要比平时学业成绩优秀的孩子更协调敏捷,提高了学习的兴趣。

(五)修炼四:学科德育评价 10 项指标

1."学科德育评价指标"研发原则

"大中小德育一体化"项目成果里关于"课堂教学效果评估"中,从学生角度,提出全景式课堂教学德育效果评估,从全人、全息和全程设计评估指标,评价内容涉及"目标""内容""过程""效果"四个方面。受此启发,本研究实践从优化中青年教师学科德育效能,重在提升其学科德育意识能力,围绕如下原则开发"学科德育评价表"。

表 16 "学科德育评价表"研发原则

突 破 难 点	突 出 特 性	突 显 便 捷
1. 德育目标 抽象"德目"的目标转换,德育目标的操作转换	1. 科学性 学科本体教学科学性	1. 操作便捷 10 项指标,随堂打"√";累计"√"数量,划分"不合格""合格""良好""优秀"四等级
2. 德育内容 德育资源的合理融入	2. 社会性 落实"德目"促进学生社会性成长	2. 预警提醒 2 项预警指标"本体教学偏差""德育目标未达成",预警教学问题
3. 德育方式 育德方式合理适切	3. 人文性 强调课堂氛围及课堂生成的灵活处理	

2."学科德育评价指标"要点解读

表 17　"学科德育评价表"内容要点解读

一级指标	二级指标	三级指标	要 点 解 读
一、德育目标设计	（一）"德目"落实	1."德目"定位准确（一级、二级）	落实"德目"丰富育德内涵，同时，要将抽象"德目"变成可操作的德育目标语言
	（二）德育目标表述	2. 语言清晰可操作	
二、德育教学环节	（三）德育过程	3. 德育衔接自然	融合知识技能、过程方法、情感态度价值观于一体开展教学。防止僵硬化将育德环节惯性放于课首、课尾两环节
		4. 德育资源适切	根据德育目标与学情，增添适当的德育资源，完善教材内容，达到德育效果
		5. 德育方式适切	根据德育目标与内容采用合适德育方式，防止僵硬化、概念化使用"小组合作探究"等方法
		6. 教学氛围融洽自然（师生活动、生生活动）	充分展现教师的人文特点；体现课堂以学生为本开展教学，师生互动自然
		7. 关注学生生成	
三、德育教学效果	（四）德育结果	8. 德育目标达成	教学结果要体现德育目标的达成度
四、学科本体特性	（五）学科教学	9. 德育未冲淡学科味道	防止学科教学德育化
		10. 无教学偏差（如：偏离大纲、算错、写错、讲错等）	考察教师教学基本功

3."学科德育评价指标"应用价值

（1）提升教师学科德育教学实效的整体认知。

中青年教师驾驭学科德育课堂信心不足的问题根源是，不明确学科德育好课的重要指标。从教学设计、教学过程、教学结果三个维度，围绕教师学科德育中最为困惑的"德育目标""德育内容""德育方式"以及"本体教学有效性""教师人文素养"关键问题，设计评价表，非常有助于教师整体把握学科德育方向与实操重点。

（2）操作便捷利于方法的传播推广。

10 项评标指标打"√"的方式，便于实施操作。一边听课一边打"√"，课后研讨时，对照表格，问题与成效一目了然。同时改进教学后的再次教学，可以跟踪查看，指标完成的改进程度，便于教师以实证视角提升学科德育教学效能。

三、效果与反思

（一）成果应用

前期，浦东新区学科德育实验校，重点在语文、数学、思政、音乐类学科中应用"三性"融合观点，开展学科德育内容建设 5S 法，形成音乐学科德育资源；开展学科德育目标设计 3S 法实践，形成语文学科落实"德目"教学实例；开展学科德育典型策略实践，形成数学、语文、思政等各类应用策略的教学案例；开展学科德育评价表应用，每次听课研讨做前后两次对比使用。目前，相关方法应用于其他类学科中，丰富经验成果。

（二）成果效用

1. 学科德育教学改进

（1）"学科德育教学评价表"的使用。

课中评：初次使用"评价表"时，在听课过程中，由教师个人经验，快速判断后，在 10 项指标中打"√"。

课后评：经过小组研讨，就指标所指，深入思考后，再就 10 项指标中打"√"。

对比课中、课后两次评价结果，教师反馈，"评价表"对其认知学科德育课堂，本体教学与德育效果有了较强的支架支撑作用。

（2）学科德育课堂教学改进效果。

表 18　"评价表"下学科德育能力四项修炼的改进表现

学科德育能力修炼关键指标	评价反差百分比（前后两次评价后，打"√"不同点）	教师学科德育意识改变
1. 德育目标设计力指标："德育目标清晰、可操作"	80%	德育目标要融合进知识技能、过程方法的教学目标中，同时与教学过程的达成度予以匹配
2. 德育内容设计力指标："德育资源适切"	75%	德育内容要适切课堂教学、显性德育要素要讲透，隐性德育要素要渗透
3. 德育方式设计力指标："德育衔接自然""德育方式适切"	70%	德育环节不拘泥于教学导入与教学总结，根据学生实际与教学进程自然融入
4. 学科本体教学设计力指标：德育未冲淡学科味道	60%	学科德育课堂教学不能喧宾夺主，要有浓浓的学科味道基础上的德育才是科学有效果的

2. 教师学科德育能力提升

教师学科德育意识与能力变化——通过访谈

（1）第一类成长：从听过到做过。

一批批青年教师谈起，从聆听怎么上学科德育课的培训，到敢于重新审视自己的常规教学设计，将忽略的德育要素，呈现于教学过程，上一上学科德育课，这就是一种成长。

（2）第二类成长：从做过到反思过。

很多老师坚定地说，光听没上过学科德育的课，是学不会方法，领悟不到课堂中的微妙变化的。但是，上过后，要研讨，要头脑风暴，在重看教学录像的过程中，发现细节问题，到底是德育目标、德育内容还是德育方式出现问题了呢？这样才能改进后续教学。

（3）第三类成长：从一次行为到常态习惯。

上一堂学科德育课容易，但是无论是显性德育元素还是隐性德育元素均能常态化表现于学科教学课堂中，将其变为教学本能习惯，这条路还需继续。浦东目前的机制建设,将教研与德研联合推进该项工作就是为促进这第三次成长。

3. 学科德育影响力成效

（1）精品课入围递增。

表19　近三届上海市学科德育精品课入围情况

2016		2018		2020	
数量	6	数量	59	数量	53
学科覆盖	3	学科覆盖	12	学科覆盖	8

（2）媒体宣传辐射。

表20　学科德育宣传报道情况

（3）展示研讨。

① 品牌项目"浦东新区教学展示周"

表 21　近两届浦东新区教学展示周"学科德育专题展示"情况

2018	第十届浦东教学展示周于2018 年 11 月 19 日—23 日隆重举行，主题为"立德树人　文化塑人　学科育人　改革出人"。11 月20、22 日，小学音乐、语文学科德育展示活动在建平实验小学举行		
2020	第十一届浦东教学展示周学科德育教学展示及微论坛活动。2020 年 11 月 19 日，以"德研视角下区域学科德育的应为与可为"为主题活动在上海市实验学校东校举行		
2021	2021 年 9 月 16 日，全区首次数学学科德育展示，以"立足数学学科德育本质提升数学育人综合效能"为主题，将数学学科德育内涵以展示课和论坛研讨的形式予以体现		

② 市级展示及专家研讨

表 22　2019 年浦东新区学科德育实践市级展示活动情况

1. 时间：2019.12.12
2. 主题内容： （1）活动主题："课堂为本　一体探索　德育无痕"。上海市教委"大中小德育一体化项目"暨"浦东新区中小学学科德育一体化初探"研讨观摩展示会 （2）展示内容：区校学科德育实践专题汇报、以小初高 3 堂"文化自信"语文课研讨为主的微论坛

续　表

3. 专家领导：浦东新区教育局副局长陈强，上海市实验学校校长徐红、书记马季荣，上海市学生德育发展中心叶文婷老师，浦东教育局德育处处长马春馥、副处长汤韬，浦东教发院原书记陈珍国、德研室主任王伟杰等
4. 影响力：浦东全区中小学教师 400 多人与会观摩学习，清晰学科德育做法同时，扩大浦东学科德育实践工作影响力

表 23　2021 年浦东新区学科德育成果市级专家论证研讨会情况

1. 时间：2021.1.7
2. 研讨内容：浦东新区学科德育项目成果研讨会 （1）德研视域下区域开展学科德育一体化的设计与行动　浦东教发院德育室　王宇 （2）凸显音乐学科特质　挖掘学与教的学科育德价值　育人中学　史炯华 （3）语文学科开展情感教育的一体化探索　市实验东校　陈豫 （4）小初高思政课程开展"国家意识"教育的一体化探索　进才实验中学　王婷 （5）中小学数学教学中培养探究精神的一体化实践　进才北校　汪华 （6）超越与整合　小学生文化自信的生成路径探索　尚德实验学校　杨路
3. 专家领导：上海市教科院学生德育发展中心副主任孙红、浦东教发院副院长刘文杰、上海市师资培训中心德育与师德研究部主任李敏、上海市正高教师、特级教师王白云、德研室主任王伟杰等
4. 影响力：项目校共计 50 多人参会研讨，论证成果同时，发现研究与实践问题，明确优化学科德育教学策略与评价方向

（三）实践反思

1. 深化转变教师观念

长期教育环境的影响,很多老师习惯性开展知识类为主的教学,以考试选拔为主的授课。随着教育政策方针的变化,宣传舆论的影响,慢慢从青年教师开始,复兴课堂德智相融合的教学生态。但仍需要较长的时间与努力,转变教师观念,更新教学行为,使得学科德育教学变为教学惯性。

2. 继续深入课堂实践

教师不仅是上好几堂学科德育课,还要思考如何在常态课堂中做好德育目标的设计,德育内容的梳理,德育方式的应用,从感性到理性的厚积薄发。后续,仍需要一批批老师躬耕课堂,不断研究实践。

3. 不断完善工作机制

教学指导,偏重于学科理论与经验,德育指导,是巧妙将教学与德育相融合,这二者之间的结合,需要继续打破既有的工作格局,从深化教学改革的角度,联合教研与德研优势,方能将学科德育课堂落在实处,产生实效。

高中学生学习力培育模式的构建与实施①

康潇津　付宏伟　赵一斌　闵丽红　黄　强　严永芳

学习力是学习动力、学习毅力和学习能力的总和。学习动力是指自觉的内在驱动力,是学习主体进行学习的原动力。提高学生学习动力,让学生热爱学习,是发展学习力的一个必要条件。学习毅力是指自觉地确定学习目标并支配其行为克服困难,实现预定学习目标的状态。学习毅力是学习行为的保持因素。学习能力,是指接受新知识、新信息并分析问题、解决问题的智力。学习能力是取得学习成效的关键。学习动力、学习毅力、学习能力三要素相互联系,相互促进,共同决定着学生学习力的水平。学校围绕标准制定、路径构建、评估反馈三个方面,开展了系统的实践,创建了"标准·策略·评估"一体的学习力培育模式,推进学校教育教学的整体发展。

一、问题的提出

(一) 主要动因

调研发现,学生的学习动力偏弱,且主要由功利驱动。功利主义驱使下的学习追求短期目标,急功近利,一旦功利无望,动力就迅速衰减。调研显示,学生的学习毅力明显不足,特别是行动力、调控力都很欠缺。多数情况下,学生只是按照成人的要求被动地、机械地学习,维持学习依赖的是家长、老师的监督。调研还发现,学生的学习能力一般,特别是创新能力不足。学生习惯于大量的习题训练,已经形成思维定式,缺乏独立思考,更缺乏创新意识和创新技能。整体而言,

---

① 本教学成果获得 2021 年上海市优秀教学成果奖二等奖。

学生的学习力存在明显不足,因此有必要从学校文化建设、课程改革等方面进行探索和实践,提升学生的学习力。

(二)研究问题

1. 建立高中生学习力的评价标准

在充分调研学生学习力现状的基础上,结合学生核心素养指标,通过理论分析、实践研究,拟定高中生学习力评价标准,引导高中生学习力的提升。这是首先需要解决的问题。

2. 构建学习力的培养路径和策略

基于深度学习理论,从学校文化的建构、学习品格的养成、学校管理的创新、学科教学的改进等多个方面系统实践学习力提升途径与培养策略。这是需要解决的重点问题。

3. 创建学习力培育效果评估体系

在广泛开展学习力培育实践的基础上,对不同的学习力提升策略之有效性进行评估,构建学习力提升途径、培养方法及策略的评估体系。这是需要解决的难点问题。

二、成果的主要内容

(一)学习力的评价标准

基于文献分析和教育观察确定了学习力的评价指标,进而采用调查法确定评价指标的权重。对指标体系各权重以千分制赋值,将三级指标分为四个等级:"完全不符""部分符合""基本符合"和"完全符合",最后确定了评价标准(见表1)。评价标准有助于学校整体把握学生学习力的发展状况,为学校对学习者的综合评价提供依据,也为教师的教学效果提供有效反馈,以便及时改进教学。

(二)学习力培育的路径和策略

1. 学校规划模块

学校职能部门以子课题的形式研究学习力提升的途径及培养方法,如表2所示。生涯规划重点解决学习动力问题,多元德育偏重学习毅力问题,创新教育重点提升学习能力。

表 1　高中生学习力评价标准

指 标 体 系			权重	完全不符	部分符合	基本符合	完全符合
一级指标	二级指标	三级指标					
学习动力 （0.26）	学习需求 （0.03）	关注社会发展变化	0.01	0	6	8	10
		重视个人素养提升	0.01	0	6	8	10
		升学压力转为动力	0.01	0	6	8	10
	学习情感 （0.08）	具有积极的学习动机	0.02	0	12	16	20
		具有端正的学习态度	0.04	0	24	32	40
		树立恰当的学习目标	0.02	0	12	16	20
	学习兴趣 （0.09）	具有强烈的好奇心	0.03	0	18	24	30
		具有浓厚的求知欲	0.03	0	18	24	30
		具有持久的上进心	0.03	0	18	24	30
	学习理解 （0.06）	具有学习主体意识	0.02	0	12	16	20
		正确认识自身水平	0.02	0	12	16	20
		具有终身学习意识	0.02	0	12	16	20
学习毅力 （0.36）	学习意志力 （0.12）	能持续地投入学习	0.04	0	24	32	40
		遇到困难勇于克服	0.05	0	30	40	50
		自发抵制各种干扰	0.03	0	18	24	30
	学习规划力 （0.05）	制定合理学习计划	0.02	0	12	16	20
		有效利用学习资源	0.02	0	12	16	20
		选用适当学习方法	0.01	0	6	8	10
	学习行动力 （0.10）	创设良好学习环境	0.03	0	18	24	30
		自觉执行学习计划	0.04	0	24	32	40
		学习过程保持专注	0.03	0	18	24	30

续　表

指　标　体　系			权重	完全不符	部分符合	基本符合	完全符合
一级指标	二级指标	三级指标					
学习毅力（0.36）	学习调控力（0.09）	主动监控学习过程	0.03	0	18	24	30
		善于反思自身不足	0.03	0	18	24	30
		及时调整学习策略	0.03	0	18	24	30
学习能力（0.38）	注意力（0.08）	具有良好的注意力稳定性	0.04	0	24	32	40
		具有良好的注意力分配性	0.02	0	12	16	20
		具有良好的注意力转移性	0.02	0	12	16	20
	记忆力（0.07）	具有良好的工作记忆能力	0.02	0	12	16	20
		具有良好的短时记忆能力	0.02	0	12	16	20
		具有良好的长时记忆能力	0.03	0	18	24	30
	思维力（0.11）	具备良好的符号思维能力	0.04	0	24	32	40
		具备良好的语言思维能力	0.04	0	24	32	40
		具备良好的形象思维能力	0.03	0	18	24	30
	创新力（0.12）	具备良好的批判思维能力	0.04	0	24	32	40
		具备良好的发散思维能力	0.03	0	18	24	30
		具备良好的创新思维能力	0.05	0	30	40	50

表 2　学校整体规划的学习力提升子项目

年级	生涯规划	多元德育	创新教育
高一	生涯认知	主题教育	体验探究
高二	生涯探索	互补结对	合作探究
高三	生涯决策	家校联动	自主探究

（1）通过生涯规划提升学习动力。

学习兴趣是构成学习动力最现实、最活跃的成分。因此，学校结合新高考改革和学习力提升的需求，积极开展生涯教育，帮助学生树立主动发展的观念，掌握生涯规划的知识与技能，进行生涯决策，确立生涯发展目标，寻求最佳生涯发展途径。让学生逐渐认识到自己的兴趣和能力所在，学会把兴趣转变成学科优势、职业志向和事业追求。通过生涯规划体验，加快高一学生明确学习目的，有效调动他们的学习积极性；推动高二学生明确发展目标，增强学生的学习动力；促进高三学生确立奋斗方向，激发他们的学习潜能。

学校制定了《学生生涯规划体验课程纲要》，编制了《学生生涯规划体验手册》，采用自我认识、主题活动、实践体验三大形式，架构起人生规划、课程学习、职业体验、研究学习、课程小结五个环节，建立循序渐进的生涯规划三阶段：高一为生涯认知，通过"认识自我"系列活动，学生择己所爱；高二为生涯探索，通过专业认知课程的学习，研究性课程的体验，立足项目化、个性化学习的结果，学生择己所能；高三为生涯决策，确定生涯目标，选择适合自己的升学之路，学生择世所需。

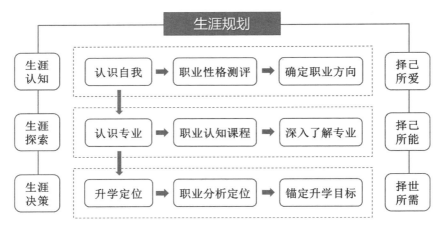

图1　生涯规划实施框架和策略体系

（2）通过多元德育增强学习毅力。

在社会交互中，学生更能坚持学习。学校组织德育团队从多种渠道开展探索，充分发挥班主任、学校和家庭的力量，重点提升学习毅力。提升学习力的德育实践探索围绕三个方面开展,分别在三个年级进行实践研究,高一年级重点探索主题教育课提升学习力的策略方法,高二年级开展优势互补结对提升学习力的实践研究,高三年级实施家校联动提升学习力的实践研究。

德育工作的重要平台就是主题教育课,高一年级从问卷调查的结果入手,分析学生在学习力方面存在的不足和需求,优化主题教育课的设计内容、原则和流程,提升学习力。

高二年级开展学生结对学习来提升学习力,根据意愿和相对优势结成学习小组,让学生在学习和生活上互相督促、互相帮助,构建一种更加有效的协作学习机制,优势互补,共同提高。

家庭教育和学校教育、社会教育并称为教育的三大支柱。学习力的提升,必须联合家庭教育,通过多方面、多角度的家校联动,才能行之有效地落到实处。学校在高三年级创设多种家校互动方式,取得了很好的成效。

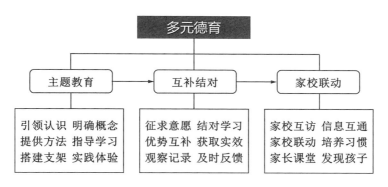

图2 多元德育实施框架和策略体系

(3)通过创新教育发展学习能力。

创新是学习力的最高境界,创新力或者创新能力的提升是学习力发展的最高目标。学校高度重视学生的创新精神和能力,积极构建创新素养培养模式,整合学校原有天文特色资源,推进创新实验室建设,完善创新社团的管理,分级推进研究性学习,助推学生的学习能力特别是创新力更好地发展。

学校完善创新实验室的建设,形成了多元、多样、多层次的实验室体系,使实验室的创新教育功能和资源得到进一步丰富和发展。实现全天候开放、全程化管理,为学生提供创新实践活动园地。将社团与创新实验室资源有效整合,让有创新志趣、发展潜能的学生在课余时间能够充分利用创新实验室的资源,发挥学生的个性特长。此外,学校在不同年级设定了研究性学习的阶段目标及测评体系,推进学生创新能力的发展。

高一年级突出"体验探究"。高一全体学生通过"科学探究课"的学习,初步掌握一些创新技能,引导学生提出问题并尝试解决问题,体验课题研究的一般过程和方法,每一位学生至少完成一篇研究报告。

高二年级强调"合作探究"。高二年级结合综合素质评价信息管理系统,全体学生自主建立课题小组,在教师指导下,确定研究课题,寻找解决问题的途径,规范课题研究的流程,使学生初步掌握科学研究的方法与过程,提升创新素养。

高三年级鼓励"自主探究"。自主选题,自主探究,自主参赛,学校为创新志趣和创新潜能匹配的学生提供自我发展的空间和支持,促进学生进一步发展个性化知识。

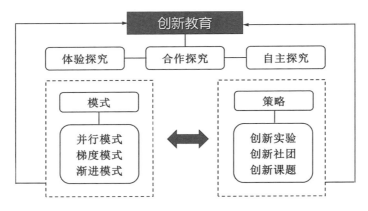

图3 创新教育实施框架和策略体系

2. 学科规划模块

课堂教学是培养学生学习力的主阵地之一,精心设计和实施的课程教学是培养学生学习力的有效举措。学校九个学科教学团队依照不同的学习力提升策略,紧密结合学科自身特点和学习力现状,以不同的路径来培育学生学习力。比如化学学科重点通过实验探究、地理学科重点通过地图技能来探索学习力的培养和提升。

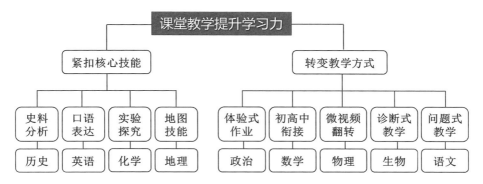

图 4　学科教学提升学习力策略及实践路径

（三）学习力培育的有效性评估

我们依据合理性、完整性、过程性、发展性等原则确立评估标准,在理论推演及专家咨询基础上形成了对于学习力提升途径及培养方法有效性的评估指标体系（见表3）,包含十个环节。学习力提升途径与培养方法的有效性评估是一项引导性手段,具有过程评估的性质,其目的是引导教师致力于学生学习力的提高。

表 3　学习力培育有效性评估体系

序号	评估指标	评 估 标 准
1	理论基础	（0—4）对学习力缺乏文献研究,理论基础不足 （5—6）围绕学习力搜集了一些文献资料,有一定理论基础 （7—8）围绕学习力开展了一定的文献研究,有较好的理论基础 （9—10）围绕学习力开展了充分的文献研究,对文献进行了梳理归纳,实践研究的理论基础扎实
2	现状调研	（0—4）对学习力现状缺少调查研究 （5—6）主要通过观察法掌握学生学习力现状的部分情况 （7—8）通过问卷法对学生的学习力现状进行了较为详细的调研 （9—10）采用多种调查方式对学生的学习力现状进行了充分的调研,全面掌握了学生学习力的现状
3	归因分析	（0—4）对调研中存在的学习力相关问题缺乏归因诊断分析 （5—6）对调研中存在的学习力相关问题有一定的诊断分析 （7—8）对调研中存在的学习力相关问题归因诊断比较准确 （9—10）对调研中存在的学习力相关问题归因分析有理有据,诊断非常准确

续　表

序号	评估指标	评 估 标 准
4	目标定位	(0—4)缺乏对学习力培养的目标定位 (5—6)基于现状调研、问题归因初步提出了培养学习力的目标定位 (7—8)基于现状调研、问题归因提出了比较明晰的培养目标定位 (9—10)基于现状调研、问题归因提出了培养学习力的清晰目标,且目标定位非常恰当
5	标准确立	(0—4)缺乏相应的学习力评价标准 (5—6)依据目标定位,初步确立了学习力的评价标准 (7—8)依据目标定位,确立了比较详细的学习力评价标准 (9—10)依据目标定位,确立了详细的学习力评价标准,标准的制定有相关理论或实践的支持
6	策略选择	(0—4)缺乏明确的学习力培养方法与策略 (5—6)选择了一些学习力培养方法与策略 (7—8)选择了比较合适的学习力培养方法与策略,有一定的针对性 (9—10)基于目标定位及评价标准,选择的学习力培养策略非常有针对性,方法得当,预期能够解决现状调研中的相关问题
7	实施过程	(0—4)缺乏实施过程的明确步骤 (5—6)有一些过程性内容 (7—8)有比较完整的实施过程,内容比较充实 (9—10)有完整的实施过程,步骤明确,内容翔实
8	结果检测	(0—4)对学生学习力是否提升缺乏检测 (5—6)通过观察来判断学生学习力是否提升 (7—8)通过自陈量表前测、后测判断学生学习力是否提升 (9—10)通过设置对照组、控制变量进行严格的对照实验判断学生学习力是否提升
9	案例研究	(0—4)缺乏比较完整的学习力培养案例研究 (5—6)有比较完整的学习力案例研究(不少于一个) (7—8)有比较完整的学习力案例研究(不少于三个) (9—10)有完整的学习力案例研究(不少于五个),案例描述详尽,分析透彻
10	研后反思	(0—4)缺乏子课题研究之后的反思 (5—6)有初步的反思,但不够系统、不够深刻 (7—8)有比较系统的反思,对培育学习力的后续工作有一定价值 (9—10)有系统、深刻的反思,对培育学习力的后续工作很有价值

三、成效与反思

（一）主要成效

1. 学生的学习动力由功利驱动转向兴趣驱动

在项目实施初期进行的学习力调研显示，学生的学习动力由功利驱动。在学习力项目实施过程中，各教育教学途径都非常注重创设良好的学习氛围，从学生角度出发，加强直观教学，激发学习兴趣，增强学习动力。特别是生涯规划指导课程体系的全面实施，指引学生对自己感兴趣的问题给予优先注意和积极探索，跟着兴趣学习、选修拓展课、选择加三科目等，将学习兴趣转化为学习优势。通过多年实践，学校逐渐将学生的学习动力由功利驱动转向了兴趣驱动。学生学习更加主动、更加个性化，加三科目的选择更偏向兴趣。近五年学生社团新增30余个，社团参与率从26%提升到100%，5个社团获得区级以上明星社团。

2. 学生的学习毅力由外部监督转向自我监控

为了保证学习的实效，学习者必须对学习活动进行计划、检查、评价和调节，也就是学习监控。自我监控能力的培养，需要通过学生与教师、同伴、家长之间的相互作用来实现，在此过程中使学生更多、更明确地体验到监控活动，更多地练习监控技能。学校从多元德育工作、研究性学习等方面加强了家长的正面引导和教师的适时指导，特别是同伴的启发与协作互助，比如互补型结对、体验式作业等，促进学生自我监控的产生和发展，逐渐从他控转向自控，并且迁移到不同的学习场景中。因学习毅力问题相关的教师干预次数下降53%。

3. 学生的学习能力由应试技能转向创新素养

对学生的前测、后测结果显示，学生在学习能力的创新力方面有较大改观。学生的学习方式由原先大量的死记硬背、题海战术转向课题研究，转向项目化学习。近几年来，学校构建了学校创新教育的框架和运行机制，学生创新意识有了明显提升。在此基础上，学校将创新素养培育阵地由创新实验室推进到各个学科教学，夯实创新素养培育的金字塔底部。越来越多的学生能够积极主动地提出问题、思考问题、解决问题。科技创新类学生社团数达到50%，学校建设了研究性学习管理平台。学生100%完成一次以上课题研究报告，每年市级各类创新活动中获奖达到100人次以上，学校的科创指数综评连年获得优秀。

（二）研究反思与展望

第一，学校需要关注每一位学生的发展，面对不同的学生要能够更加个性化地提升学习力。学校将依托学历案这一教学改革举措，开展基于学历案的项目化学习，进一步推进深度学习，采用设计思维深化实践，提升学生学习力。

第二，学校培养学生的学习力，归根结底需要全体教师来推动这项系统性的工作。学校已经形成了教师研训的分层发展模式，后续还需要进一步将学校营造成一个高效的学习型组织，构建师生学习共同体，形成良好的学习型校园文化。

基于文化自信的浦东中小学生
跨文化素养培育研究与实践①

李 军 艾 琼 董 赟 严晨璐 张诗雅

一、问题的提出

随着我国综合国力的不断增强,国际交流合作不断拓展,中外文化间的交流与碰撞愈加频繁,对具备跨文化能力人才的需求更为迫切,对学生跨文化素养的培育日益成为教育领域关注的热点主题。跨文化素养是学生未来发展所需的基本技能,培育和提升跨文化素养是为学生未来发展而准备。当前,多个世界组织以及国家和地区将学生跨文化素养列入 21 世纪学生发展核心素养中,跨文化素养培育的重要性与紧迫性可见一斑。

联合国教科文组织作为国际性教育组织,长期致力于推进跨文化素养培养政策。1992 年,联合国教科文组织在其第 43 届国际教育大会上发布了《教育对文化发展的贡献》建议书,正式提出了"跨文化教育(Intercultural Education)"的概念,认为"跨文化教育(包括多元文化教育),是面向全体学生和公民而设计的,促进对文化多样性的相互尊重与理解,以及丰富多彩的教育。"2005 年联合国教科文组织以"通过切实而可持续的创新措施促进文明和文化间的交流"为主题,提出了通过跨文化教育推进跨文化对话的 7 份建议书和 21 个具体政策措施。2006 年又发布了《跨文化教育指南》,提出了实施跨文化教育的 3 个指导性原则。2013 年,联合国教科文组织正式发布《跨文化素养:概念与行动框

---

① 本教学成果获得 2021 年上海市优秀教学成果奖二等奖。

架》,从重要性、概念、目的、指导方针与可行路径等方面对跨文化素养进行了全面介绍。

进入新时代,新中国取得了令世界刮目相看的伟大成就。从"仰视世界"到"平视世界",让每一个中国人更有信心走近世界舞台中央。2014 年 3 月,习近平主席在联合国教科文组织总部发表演讲指出:"多样性是世界的基本特征,也是人类文明的魅力所在。""文明因多样而交流,因交流而互鉴,因互鉴而发展。"习近平主席多次阐述重视文化多样性的重要意义,亲自推动不同文明的交流交融、互学互鉴。中华文明不断与世界其他文明在交流对话中展现和合之美,为促进世界文化多样性做出贡献。

上海在推进社会主义国际化大都市建设过程中,对外交流和合作内容与频次日益扩大,不同民族、种族、性别、阶层、地域、国家,乃至不同的宗教信仰、政治制度、价值体系、思维方式之间的跨界交流越来越频繁。在这一过程中,对于其他国家的文化和世界性文化如何相互理解和尊重、鉴赏和共处就成为一项必需的能力素养。因此,如何培育这种跨文化素养就成为新时期开展对外交流与合作中必须应对的问题。

但在基础教育领域,推进师生跨文化素养培育工作还非常薄弱,既缺少相应的理论架构,又缺乏可行性路径设计,在课程建设方面更是空白。

浦东新区作为国家首个综合配套改革试点区和教育综合改革试验区,从2009 年率先在全国启动了国际理解教育项目,取得了一定成效。但随着时代的发展,国际理解教育项目的推进需要不断拓展新的机制与路径,才能适应新时代学生核心素养培育的要求。《浦东新区教育综合改革方案(2015—2020 年)》在改革举措上,针对原有国际理解教育项目转型和区域推荐跨文化素养培育工作薄弱的现状,将跨文化素养培育作为未来基础教育综合改革的重要领域,明确提出了要以浦东区本课程(如《国际理解教育》)为基础,开展中小学跨文化素养培育。着力解决以下主要问题:

一是研究基于区域整体推进跨文化素养培育的可行性。项目立足于浦东国际化发展和自贸区建设的背景,在原有国际理解教育的基础上,对跨文化能力的概念、基础和维度进行理论剖析,就国内外当前开展跨文化素养培养的实际情况进行分析,结合浦东学校开展国际理解教育的实际,对跨文化素养的培养现状和问题瓶颈进行研究,从而进行跨文化素养培育的可行性路径分析。

二是如何形成具有浦东特色和符合学校当前教育实际的跨文化课程框架。对浦东幼儿园至高中的跨文化素养培养现状和问题进行调研和分析,形成学生从小学到高中的跨文化素养的课程框架以及教师跨文化素养的内容框架。

三是如何在学校实施跨文化素养培育课程。明确不同学科类型开展跨文化素养培育的具体目标,建设校本课程、校级共享课程和区域课程三个层次的跨文化素养培育课程体系。在学校教育教学的各个领域与层面,倡导跨文化素养培育理念,在课程教学、学校日常生活等领域加强对学生跨文化素养培育。

二、成果的主要内容

浦东师生跨文化素养培育工作在几年的推进过程中,浦东 255 所学校参与其中,大量教师的专业能力得以提升,数以万计的浦东学生享受了优质的学习资源。

(一)形成了区域整体推进师生跨文化素养培育的理论架构

理论研究是课程项目的方向指南,在前人基础上找到浦东的方向,形成浦东特色路径,是项目组始终坚持的定位。几年来,项目组先后完成了《浦东跨文化素养培养的可行性路径分析总报告》《浦东跨文化素养培养的问题瓶颈与对策建议》,从小学、初中、高中到教师的系列"学校实施跨文化素养培育文献综述",有《跨文化素养课程框架》《浦东新区中小学跨文化素养培育课程实施意见》《学校跨文化教育课程建设方案》《浦东师训跨文化素养项目手册》。这些研究成果,为浦东师生跨素养培育工作提供了厚实的理论支持和力量支撑。

其中,《跨文化素养课程框架》首先基于跨文化素养培育的目标体系的设立,开发 3 个一级指标,9 个二级指标及 18 个三级指标,并基于指标设定了分层级分学段课程目标框架。

在此基础上,《浦东新区中小学跨文化素养培育课程实施意见》,从意见实施的国际与本土背景入手,在详细的分析后对浦东中小学校开展跨文化素养培育课程的理念、目标、内容、实施与评价等方面做出了整体性的规定。明确了跨文化素养培育课程是基于面向全体、整体性和多样性原则,分别设定了小学、初中和高中的分年段课程目标。以跨文化素养形成与发展的规律进程为条线,分别从跨文化交际、跨文化认知、跨文化认同、跨文化适应等四个阶段分别对可采用的课程内容与教学建议给予了详细的规定。同时,对课程建构、课程形态、实施途径等课程策略提出了建议,并对课程评价提供了具体的方法,以促成课程目标的有效达成。

(二)建设了一套有效的区域推进师生跨文化素养培育的有效机制

在持续的项目实施过程中,目前浦东已经形成了多渠道开发课程资源,推进师生跨文化素养培育的机制。

一是探索出区域共享课程与项目学校的校本课程的联接机制。项目推进中,基于整体思考,项目组将跨文化素养培育课程分为区域课程、校际共享课程和校本课程三个层次。区域课程主要定位在课程资源的开发及创新性课程研发,为项目学校课程提供资源支持。同时,项目组主持开发一些创新性且适合浦东区域整体推进的跨文化素养培育课程,在项目学校实施。如项目组建议以高校专家牵头、多学科教师参与的研发团队,围绕联合国可持续发展目标研发"联合国可持续发展目标主题课程",目前在吴迅中学等9所学校实施。

校际共享课程有项目组与项目学校共同实践开发的跨文化素养培育课程。这类课程既有区域课程的共性,又有项目学校自身的特色,由项目组与学校共同开发、学校自主实施。如"一带一路"学生探究课程,项目组选择金桥中心小学和进才实验中学两所基地学校为主体,其他项目学校进入课堂现场以观察、学习、交流的组织形式,以点带面地推进这一课程项目。又如中外"博物馆+"课程项目,选择浦东新区二中心小学等20余所学校作为项目基地学校,从2018学年开始正式实施,先后开展了多次"博物馆+"学科课程教师专业发展工作坊,组织参观博物馆与研讨、现场课观摩、教案编写、课堂教学实践、课程校本研发等活动,实施效果显著。

校本课程是在区域跨文化素养培育的总体目标之下,项目学校基于自身特点与基础,选取一定的内容或主题开发建设成各具特色的校本课程。比如,金桥中心小学作为参与"一带一路"课程的基地学校,在学校原有的"游学"课程基础上,将"游学"的范围从国内走向国际,"游学"的内涵也得到了提升,既有效地发挥了共享课程的功用,又使得学校的校本课程拥有了全新的意义。

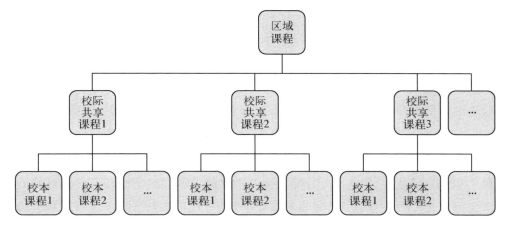

图1　浦东师生跨文化素养区域课程联接机制

二是探索出"课程研发—课程论证—课程推介—学校遴选—培训研讨—过程监控—课程推广"的区域课程实施机制,并在项目实施过程中,不断地检验和修正该机制,以能达到好的运作效果。实践证明,该机制有效地推进了项目的实施,并成功地让更多的学校参与到项目中来。

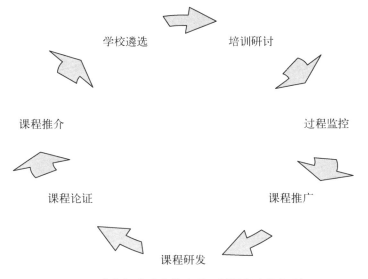

图2　浦东师生跨文化素养区域课程实施机制

（三）研发并实施了一批适合于浦东中小学生的跨文化素养培育课程

在课程建构上,我们将浦东跨文化素养培育课程分为区级课程、校际共享课程和校本课程。其中,校际共享课程是由项目组确定课程主题,与项目学校共同实践开发的跨文化素养培育课程,具有一定的区域代表性,是浦东中小学生的跨文化素养培育课程的主体部分。

项目实施后,自 2017 年开始招募项目学校进行课程研发,项目组与项目学校先后研发了 Real PE 创意体育课程、生涯教育课程、国际化戏剧课程、软式棒球课程、未来城市课程、校园大亨创业体验课程、未来问题解决课程、法兰球课程、"一带一路"双师联动课程、"博物馆+"课程、联合国可持续发展项目主题式课程等 11 个课程项目。其中 8 所学校开设生涯教育课程、108 所学校开设国际化戏剧课程、2 所学校开设软式棒球课程、18 所学校开设未来城市课程、4 所学校开设校园大亨创业体验课程、4 所学校开设未来问题解决课程、10 所学校开设法兰球课程、14 所学校开设跨文化素养培育课程、37 所学校开设"一带一路"双师联动课程、37 所学校开设"博物馆+"课程、13 所学校开设联合国可持续发展目标主题式课程。通过教师研训、课程比较、教学实施等研究,取得了很好的效果,对于跨文化素养培育课程的建设与推进产生了十分积极的影响。

在区域课程、校际共享课程实施过程中,参与的项目学校都与学校自身的课程建设相结合,充分利用引进的课程项目,将本校课程的内涵和范畴都进行了扩充和改进。如,上戏附属新世界实验小学的《八十天环游世界》课程、唐镇中学的《少年心、中国梦、世界情》课程、福山证大外国语小学《丝路之旅,生活之美,未来之惑》课程、临港实验中学的《远航》课程、东方小学的《戏剧朗诵与表演》课程等。

三、成效与反思

（一）成效

1. 有效促进了浦东中外师生跨文化素养的提升

浦东跨文化素养项目 2015 年立项,2017 年开始招募项目学校,每年均有 50 所左右的项目学校参加跨文化素养培育的各类课程项目,共有 255 所学校参与到项目中来。

项目学校参与课程研发并开展校本化实施，浦东师生跨文化素养培育工作日益成熟，大量教师的专业能力得以提升，数以万计的浦东学生享受优质的学习资源的同时拓展了国际视野，提升了跨文化素养，为培养具有国际视野、国际意识、国际胸怀，具备国际交往与合作，能够参与全球竞争的中西贯通的人才奠定了基础。

推进浦东中小学生跨文化素养培育的工作，还拓展到在浦东就读的境外学生。2020 年项目组开展了浦东新区"境外学生看浦东"中文风采展示活动，近 1 400 名在浦东就读的境外学生，在非遗传承人的带领下，学习并展示了龙舞、上海绒绣、芦苇编织、古船模型制作技艺、太极拳、瓷刻和浦东喜庆剪纸习俗等非遗文化，传播了中国文化，促进境外学生的跨文化素养提升。

2. 丰富了对跨文化素养培育的理论思考并实现了实践创新

项目组基于文化自信，以课程理论为基础，以课程和教学为主要着力点，关注国际教育改革与发展的先进理念和构建人类命运共同体的主流方向，把握国家核心素养目标指向，丰富学校的课程内容和教学方式，服务于学生个体的发展需求，构建了区域推进师生跨文化素养培育的理论体系并付诸实践，进一步推进了跨文化素养培育理论研究深度，对于区域层面的课程实践又有着直接的指导价值。

3. 在提升学生学习素养的同时培养了学校的课程创生力

项目组聚焦课程，充分利用中外优质课程资源，与项目学校一起致力于跨文化素养培育课程的研发与实施，探索基于学科的课程综合化教学和基于主题的跨学科教学。开展研究型、项目化、合作式学习，重视情境教学，注重启发式、互动式、探究式教学，加强引导学生主动思考、自主探究，与当前课程改革方向紧密契合。在促成学生深度学习的发生，提升学生自主学习能力的同时，培养了学校自主开发实施课程的能力。

4. 打造了一批具备跨文化素养培育能力的教师队伍

学生跨文化素养的培育有赖于学校教师的跨文化素养水平的提升。因此，项目组一方面注重课程开发与实施的主题培训，结合研发的各类跨文化素养培育课程，组织了 40 个班次的课程教师研修班。另一方面还引进跨文化素养领域权威专家和课程资源，进行了两轮跨文化素养专题研修培训，培训以工作坊形式开展,工作坊共设有联合国可持续发展目标、国际教育理念与评价体系、PBL 项目制学习和跨文化交际等课程模块。培训邀请了来自联合国教科文组织、高校、国际教育国际机构专家,为参与项目的教师们讲授前沿理论、设计活动,并研讨交流。帮助项目学校更有效地参与到跨文化培育课程项目中来,先后助力 1 000 多名项目学校教师拓展国际视野,提高跨文化理解与交际能力,促进了教师的教育思想和教学方式的变革。

5. 浦东跨文化素养培育工作展现了辐射效应

作为区域推进师生跨文化素养培育工作的倡领者,浦东的工作持续受到广泛关注,探索的一系列可复制可推广的做法,产生了一定的示范效应。2015 年以来,在历届上海市跨文化基础教育年度会议上,项目组均作为受邀代表介绍浦东开展跨文化素养培育工作的思考与实践。2016 年,教育部教育发展研究中心主办了"2016 年中国教育国际化研讨会",项目组受邀做了《从国际理解教育到跨文化素养培育——浦东的思考与实践》的报告,首次向全国同行分享了浦东的思考。2020 年底,项目组接受联合国教科文组织教师教育中心邀请,踏上国际组织舞台,做了《中小学生跨文化素养培育课程框架与路径研究》专题讲座,系统阐述了浦东在开展师生跨文化素养培育方面的思想和行动。2021 年 4 月,项目组受邀参加中国教育国际交流协会主办的"2021 年国际理解教育大会",就区域推进"中小学生跨文化素养培育"发表主旨报告。《上海教育》《当代教育家 浦东教育》等杂志先后做了专栏宣传。此外,浦东推进师生跨文化素养培育的经验,先后受邀在天津、浙江、江苏等多地向国内外教育界同行充分展示浦东推荐跨文化素养培育的思考与实践。北京、广东等十余省市以及上海各区的同行也先后来交流学习浦东经验。

(二) 反思

十九大报告指出,要"讲好中国故事,展现真实、立体、全面的中国,提高国家文化软实力"。开展跨文化素养培育,是在世界多元文化背景下更好地讲好中国故事的基础和保障。作为教育综合改革的重要内容,浦东开展师生跨文化素养培育已经形成系统的理论架构与实践机制,但是浦东区域巨大,学校众多,学校、教师要形成自觉的跨文化教育实践,一方面需要更上位政策的支撑,另一方面需要把学生、教师、学校、区域链接起来,从学生素养提升、教师能力发展、学校课程建设、区域对外开放等方面合力推进,才能满足更多学校、家长对优质教育资源的需求。

"十四五"期间,项目组将继续立足弘扬民族精神、学习先进文化,着力提升师生跨文化素养,为培育具有国际视野和时代担当的未来人才打好基础,为助力浦东建设全方位多层次教育对外开放引领区提供支撑,为中国教育走向世界贡献浦东智慧。

图书在版编目（CIP）数据

慧教育：上海市优秀教学成果浦东新区选粹／陈强主编. —上海：上海教育出版社，2023.10
ISBN 978-7-5720-2293-7

Ⅰ.①慧… Ⅱ.①陈… Ⅲ.①教学研究—浦东新区—文集 Ⅳ.①G420-53

中国国家版本馆 CIP 数据核字（2023）第 188100 号

责任编辑　张嘉恒　朱剑茂
封面设计　周　亚

慧教育——上海市优秀教学成果浦东新区选粹
陈　强　主编

出版发行　上海教育出版社有限公司
官　　网　www.seph.com.cn
地　　址　上海市闵行区号景路 159 弄 C 座
邮　　编　201101
印　　刷　上海普顺印刷包装有限公司
开　　本　700×1000　1/16　印张 16.25
字　　数　256 千字
版　　次　2023 年 10 月第 1 版
印　　次　2023 年 10 月第 1 次印刷
书　　号　ISBN 978-7-5720-2293-7/G·2032
定　　价　60.00 元

如发现质量问题，读者可向本社调换　　电话：021-64373213